W0047621

Zeitmanagement
mit Outlook

GABRIELA BERGANTINI

ISBN 978-3-95982-071-4

© 2017 by Markt+Technik Verlag GmbH
Espenpark 1a
90559 Burgthann

Produktmanagement Christian Braun, Burkhardt Lühr
Herstellung Jutta Brunemann
Korrektorat Alexandra Müller
Covergestaltung David Haberkamp
Coverfoto fotomek – Fotolia.com
Satz Astrid Stähr
Druck Media-Print Informationstechnologie GmbH, Paderborn
Printed in Germany

Inhaltsverzeichnis

1. Einleitung

Der globale E-Mail-Verkehr wächst jährlich um 5 %. Schon jetzt verbringt ein Mitarbeiter im Schnitt jeden Tag etwa zwei Stunden mit dem Abarbeiten von E-Mails. Das ergibt zusammengerechnet einen ganzen Tag in der Woche.

Die Datenflut nimmt laufend zu. Vor ein paar Jahren war die Regel, dass sich die Datenmengen alle fünf Jahre verdoppeln. In den neuesten Studien dazu heißt es, dass Sie nun bereits alle zwei Jahre mit einer Verdoppelung der Daten in Ihrem Bereich rechnen müssen. Jede Sekunde wird mehr Inhalt ins Internet geladen, als ein einzelner Mensch in einem ganzen Jahr zur Kenntnis nehmen kann.

Zusätzlich stehen Geräte zur Verfügung, die Sie selbst unterwegs nutzen können. Der Griff zum Smartphone ist zum Reflex geworden. Nach einer Studie des Beratungsunternehmens Deloitte schauen 36 % der Mobilfunknutzer innerhalb von 15 Minuten nach dem Aufwachen auf ihr Mobiltelefon.

Ähnlich sieht es am Ende des Tages aus. Innerhalb der letzten Viertelstunde vor dem Zubettgehen checkt jeder Dritte noch mal sein Handy. Pro Tag schaut ein Mensch im Schnitt ca. 25-mal auf sein mobiles Gerät – Internet-Junkies sogar bis zu 80-mal.

Neue Arbeitstechniken stehen zur Verfügung. Immer mehr Angestellte können wählen, ob sie im Büro, zu Hause oder unterwegs arbeiten. Es wird verlangt, immer erreichbar zu sein. Die Zahl der Burn-outs nimmt zu.

Wir müssen dringend Techniken lernen, die uns helfen, diese Flut an Informationen zu organisieren. Wir müssen uns fragen, was überhaupt sinnvoll ist. Muss man zum Beispiel sofort alles stehen und liegen lassen, wenn eine neue Nachricht eintrifft? Langsam erfolgt in diesem Bereich ein Umdenken. Die Devise lautet: »Work smarter not harder«.

Jeden Tag verschwenden Unternehmen Hunderte von Arbeitsstunden mit ergebnislosen Besprechungen. Meetings haben sich zum Zeitfresser Nummer eins entwickelt. So verbringen Top-Manager etwa zwei Drittel ihrer Arbeitszeit in Besprechungen, das mittlere Management rund 50 % und die unteren Führungskräfte immerhin noch ein Viertel ihrer Zeit.

Outlook ist ein geniales Werkzeug, das Sie dabei unterstützt, Ihre geschäftlichen und privaten Aufgaben zu meistern, und die verfügbare Zeit optimal zu nutzen. Damit meine ich keineswegs, dass Sie sich noch mehr Arbeit aufhalsen sollen. Ganz im Gegenteil. Ich finde es wichtig, dass wir wieder lernen, zu entschleunigen und uns Zeit für uns selbst zu gönnen. Diese freie Zeit ist enorm wichtig, um entspannen zu können und auf neue Ideen zu kommen.

In diesem Buch zeige ich Ihnen verschiedene Techniken und versorge Sie mit Ideen, wie Sie diese Herausforderungen angehen können.

Dieses Buch ist für Anwender gedacht, die bereits die ersten Schritte mit Outlook gewagt haben und nun mit vielen Tipps und Tricks die Vorzüge dieses Programms nutzen möchten.

2. Outlook kann viel mehr, als nur Ihre E-Mails zu verwalten

Vertrauen Sie Ihre Aufgaben und Ziele Outlook an. Es ist ein sehr befreiendes Gefühl, wenn man die Gedanken in Outlook abladen kann – besonders, wenn man weiß, dass unser Kurzzeitgedächtnis nicht sehr zuverlässig ist.

Drei Viertel der Anwender arbeiten nur mit dem E-Mail-Teil von Outlook, was sehr schade ist. Mit Outlook kann man wunderbar eine Schaltzentrale erstellen, die hilft, den Überblick zu bewahren.

Haben Sie gewusst: Pro Tag haben Sie ca. 50.000 Gedanken, die in Ihrem Hirn herumschwirren. Man unterscheidet zwischen bewusstem und unbewusstem Gedächtnis. Das bewusste Gedächtnis hat leider nur eine limitierte Kapazität. Ein normaler Mensch kann sich im Schnitt an vier Dinge bewusst erinnern. Das unbewusste Gedächtnis hat keine Limits und kennt leider auch keine Deadlines.

bewusstes Gedächtnis

Kopien für Meeting erstellen
PowerPoint-Folien ausdrucken
Voicemail abhören
Ins Meeting gehen

unbewusstes Gedächtnis

Ideen
Ferien planen
Brot einkaufen
Notizen
Anrufe

Bewusstes und unbewusstes Gedächtnis.

Vor Kurzem wurde ich wieder an die Grenzen des bewussten Gedächtnisses erinnert. Ich reiste mit dem Zug zu meinem Kunden. Ich musste das Ticket entwerten, eine Gratiszeitung mitnehmen und die Post einwerfen. Die Post trug ich den ganzen Tag mit mir herum. Ich hatte eine Schlagzeile in der Gratiszeitung gelesen, und schon wurde der Gedanke »Post einwerfen« verdrängt. In einem Artikel las ich, dass man sich in diesem Fall noch keine Sorgen machen muss, dement zu werden. Dass man hin und wieder etwas vergisst, ist ganz normal. Sorgen muss man sich erst machen, wenn man seine Schuhe sucht und diese dann am nächsten Tag im Kühlschrank findet.

Aus diesem Grund ist es wichtig, die Informationen niederzuschreiben. Die Outlook-Aufgaben eignen sich hervorragend als Sammelstelle. Erfassen Sie alles, woran Sie sich erinnern müssen, in den Aufgaben. Verschwenden Sie keine Energie damit, sich an Sachen im Kopf zu erinnern. Von Albert Einstein wird erzählt, dass er sich nicht einmal an seine eigene Telefonnummer erinnern konnte. Darauf angesprochen, erwiderte er: »Warum soll ich damit Energie verschwenden? Ich kann meine Telefonnummer jederzeit nachschauen.« Recht hat er! So bleibt der Kopf frei für wichtige Sachen. Wenn Sie Hirntraining machen wollen, lernen Sie lieber eine Sprache oder machen einen Computerkurs.

Wenn der Kopf frei ist, kommen Ihnen vielleicht ganz interessante Ideen, die Sie sonst nicht hätten. Sie können nicht kreativ sein, wenn jede Minute verplant ist. Verwenden Sie die gewonnene freie Zeit zum Beispiel für einen Traumtag. Gehen Sie in die Natur, und lassen Sie Ihren Gedanken freien Lauf. Sie werden erstaunt sein, welche Ideen Sie auf einmal haben werden.

Erfassen Sie auch Ihre privaten Ziele. Heutzutage erlauben es die meisten Firmen, Outlook auch für private Termine und Aufgaben zu verwenden. Überprüfen Sie das Nutzungsreglement Ihrer Firma, und stellen Sie fest, in welchem Rahmen die private Nutzung erlaubt ist.

Verwenden Sie nun etwa zehn Minuten, um Ihren Kopf zu leeren. Erfassen Sie alles, woran Sie denken müssen, in den Outlook-Aufgaben. Kümmern Sie sich momentan noch nicht um Kategorien, Fälligkeiten oder Prioritäten. Hier ein paar Ideen, falls Ihnen gerade nichts in den Sinn kommt:

- Telefonate, die Sie erledigen müssen.
- Besorgungen, wie zum Beispiel Katzenfutter oder Stereoanlage kaufen.
- Meetings vorbereiten.
- Dokumente erstellen (Angebote, Protokolle etc.).
- Nachfassen bzw. Statusberichte einholen.
- Wünsche und Ziele.
- Kurse, die Sie besuchen möchten.
- Administration (Spesen einfordern, Stunden erfassen, Rechnungen schreiben).
- Geräte reparieren lassen.

Legen wir los:

1 Aktivieren Sie die *Aufgaben*.

In diesem Buch verwenden wir intensiv die verschiedenen Ansichten. Je nach Aufgabe stehen optimierte Darstellungen zur Verfügung. Im Register *Ansicht* können Sie die Ansichten aufrufen.

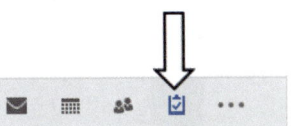

Aufgabenbereich aufrufen.

Register »Ansicht«.

2 Wechseln Sie in die Ansicht *Einfache Liste*. Sie finden die Ansicht in der Ansichten-Leiste. Anschließend klicken Sie auf das Symbol *Ansicht ändern*.

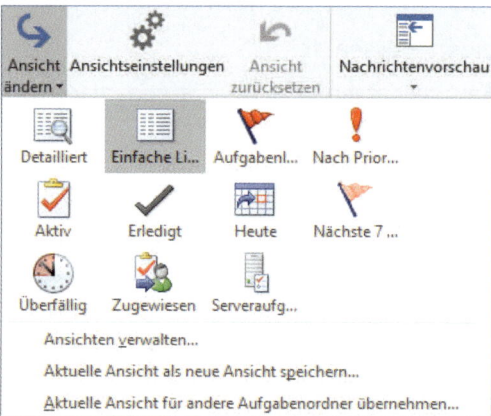

Ansicht »Einfache Liste«.

Es gibt standardmäßig zwei Bereiche: *Vorgangsliste* und *Aufgaben*.

Aufgaben: Dabei handelt es sich um Outlook-Aufgaben.

Vorgangsliste: Zusätzlich zu den Outlook-Aufgaben sehen Sie Aktivitäten, die mit anderen Programmen (SharePoint, OneNote etc.) erstellt wurden.

3 Erfassen Sie die Aufgabe im Feld *AUFGABENBETREFF* und bestätigen Sie mit ⏎. Die Aufgabe wird unten in der Liste angezeigt. Die erfassten Aufgaben werden automatisch der Kategorie *Keine Angabe* zugeordnet. Kategorien lernen Sie später in diesem Buch kennen.

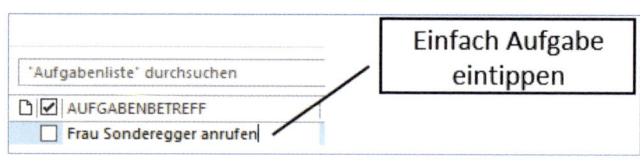

Eine Aufgabe erfassen.

Wir verfolgen hier das Ziel *Fitness verbessern*. Erfassen Sie dazu ein paar Aufgaben:

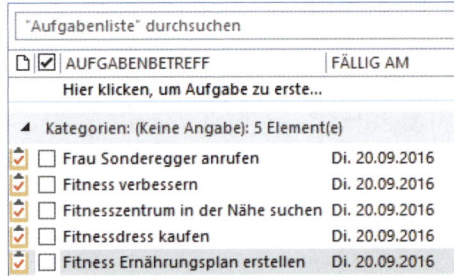

Fitnessaufgaben.

3. Den Überblick über die Aufgaben behalten

In diesem Kapitel zeige ich Ihnen, wie Sie mit Outlook Ihre täglichen Arbeiten organisieren können. Ich selbst nutze dieses System schon seit einigen Jahren und kann nicht mehr darauf verzichten. Wenn Sie dieses System übernehmen, dann werden Sie nichts mehr vergessen und Ihre Aufgaben viel effizienter erledigen. Dadurch sparen Sie viel Zeit und Geld, weil Sie Leerläufe und Fehler vermeiden, die sehr viel Aufwand erfordern, um korrigiert zu werden. Sie können beruhigt in die Ferien gehen, weil Sie die Gewissheit haben, alles im Griff zu haben. Sie werden in Outlook Ihre Ziele und Aufgaben bzw. Aktionen erfassen. Dadurch wissen Sie immer, wo Sie stehen.

Der Unterschied zwischen Zielen und Aktionen

Die Ziele und Tätigkeiten müssen natürlich zuerst einmal erfasst werden. In einem ersten Schritt definieren wir, was ein Ziel und was eine Aktion ist. Das wird sehr oft verwechselt. Das Ziel ist das Ergebnis, das Sie erreichen möchten. Aktionen sind die Aufgaben, die Sie erledigen müssen, um Ihr Ziel zu erreichen. Ein Ziel beinhaltet meistens mehrere Aktionen.

Dazu ein Beispiel: Im Badezimmer muss eine defekte Glühbirne ausgewechselt werden. Wenn Sie ohne Vorbereitung in den Laden stürmen und die erstbeste Birne kaufen, dann werden Sie zu Hause höchstwahrscheinlich feststellen, dass Sie die falsche gekauft haben. Sie müssen nochmals in den Laden, um den richtigen Leuchtkörper zu kaufen. Das kostet Zeit und Geld. Wenn Sie zuvor ein paar Überlegungen anstellen, kommen Sie besser an Ihr Ziel, wieder Licht im Badezimmer zu haben. Zuerst definieren Sie das Ziel: Sie möchten wieder Licht im Badezimmer haben, um nicht mehr im Dunkeln zu stehen. Anschließend überlegen wir uns, mit welchen Aktionen Sie dieses Ziel erreichen können:

1 Wahrscheinlich müssen Sie zuerst eine Leiter organisieren, damit Sie überhaupt den defekten Leuchtkörper erreichen können.

2 Anschließend entfernen Sie die Glühbirne, um herauszufinden, welchen Typ Sie kaufen müssen.

3 Sie gehen in den Laden und kaufen den korrekten Artikel.

4 Wenn Sie wieder zu Hause sind, setzen Sie die Birne ein. Damit haben Sie also Ihr Ziel erreicht.

Aktionen dürfen keine Abhängigkeiten haben. In unserem Beispiel muss »Leiter organisieren« die erste Aktion sein, weil Sie nur mit einer Leiter die Glühbirne erreichen können – es sei denn, Sie sind über zwei Meter groß.

Übung: Ziele definieren

Nehmen Sie sich nun einen Moment Zeit, um Ihre Jahresziele zu überdenken, und geben Sie diese in den Out-

Ziele und Aktionen.

look-Aufgaben ein. Denken Sie daran, dass ein Ziel folgende Punkte erfüllen muss: Ein Ziel muss motivierend, messbar und machbar sein. Das Ergebnis des Ziels muss klar definiert werden. Was wollen Sie wirklich erreichen?

- Ein Ziel wird längerfristig realisiert.

- Normalerweise benötigen Sie diverse Ressourcen. Ich benötige zum Beispiel jemanden, der dieses Buch durchlesen wird und Fehler korrigiert. Ich brauche einen Verlag, der das Buch veröffentlicht.

- Ein Ziel wird in mehrere unterstützende Projekte, auch Etappenziele genannt, unterteilt. Beispiel: Kunden akquirieren. Dazu braucht es zuerst das Projekt »Werbebroschüre erstellen«. Anschließend das Projekt »Werbeveranstaltung organisieren« etc.

- Ziele haben eine Deadline. Falls nicht, setzen Sie sich selbst eine. Ein weiteres Phänomen ist, dass man immer so viel Zeit braucht, wie man hat (Parkinsonsches Gesetz), darum setzen Sie sich Grenzen.

Hier ein paar Beispiele von geschäftlichen Zielen:

- Den Umsatz um 15 % steigern.

- Zehn neue Kunden akquirieren.

- Eine Ausbildung in Angriff nehmen.

- Die Zusammenarbeit im Team verbessern.

- Einen Messestand bei einer relevanten Messe planen.

Persönliche Ziele:

- Dreimal in der Woche ins Fitnessstudio gehen.

- Sechs Monate auf eine Weltreise gehen.

- Das Badezimmer renovieren.

Ziele lassen sich nachweislich besser erreichen, wenn man sie aufschreibt und ihren Fortschritt schriftlich verfolgt. Und genau dazu können Sie Outlook verwenden.

Man hört in diesem Zusammenhang immer wieder von der Harvard-Studie, die sich damit beschäftigt, ob es etwas bringt, sich Ziele zu setzen. Kurz zusammengefasst, geht es um Folgendes: Diese Fakultät hat ihre Studenten in drei Gruppen unterteilt: Gruppe 1 hat sich keine Ziele gesetzt. Gruppe 2 formulierte Ziele, aber nur mündlich. Gruppe 3 legte ihre Ziele schriftlich fest. Die Studenten wurden in die Arbeitswelt entlassen.

Nach ein paar Jahren wurde überprüft, wie erfolgreich die Studenten beim Erreichen der Ziele waren. Man tat dies, indem man ihre Gehälter analysierte. Gruppe 2 verdiente schon einiges mehr als Gruppe 1. Mit Abstand am meisten, Sie ahnen es sicher, verdiente Gruppe 3. Die übertraf Gruppe 2 um ein Vielfaches.

Diese Harvard-Studie ist aber ein Mythos. Ich habe sie im Internet nicht gefunden. Stattdessen habe ich aber eine andere Studie gefunden, die zum gleichen Ergebnis kam. Gail Matthews von der Dominican University of California hat diese Studie durchgeführt: http://www.dominican.edu/academics/ahss/psych/faculty/fulltime/gailmatthews/researchsummary2.pdf. Es lohnt sich also auf jeden Fall, Ziele aufzuschreiben.

4. Darstellung optimieren

Damit Ihnen die Arbeit mit Outlook einfach von der Hand geht, lohnt es sich, die Oberfläche umzubauen.

Diese können Sie flexibel an Ihre Bedürfnisse anpassen. Im Menü *Ansicht* finden Sie die verschiedenen Einstellungen.

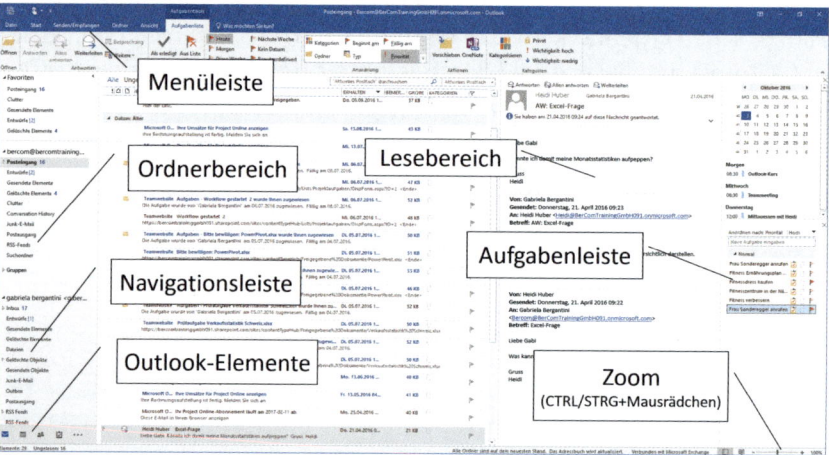

Startbildschirm.

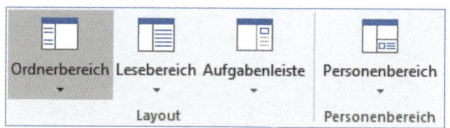

Menü »Ansicht/Wichtige Optionen«.

Lesebereich

Entscheiden Sie zum Beispiel, ob Sie den *Lesebereich* verwenden möchten. In den neueren Outlook-Versionen wurde der Lesebereich stark verbessert. Viele Aufgaben, zum

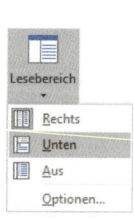

Lesebereich.

Beispiel das Annehmen einer Einladung zu einem Meeting, können Sie direkt erledigen.

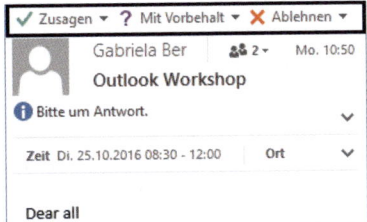

Eine Besprechungseinladung direkt im Lesebereich akzeptieren.

Sie können im Lesebereich auch direkt auf eine Mail antworten.

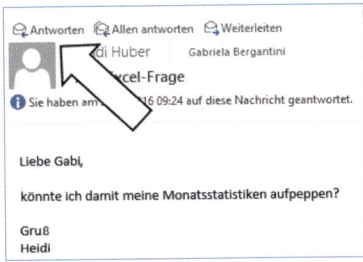

Im Lesebereich gleich antworten.

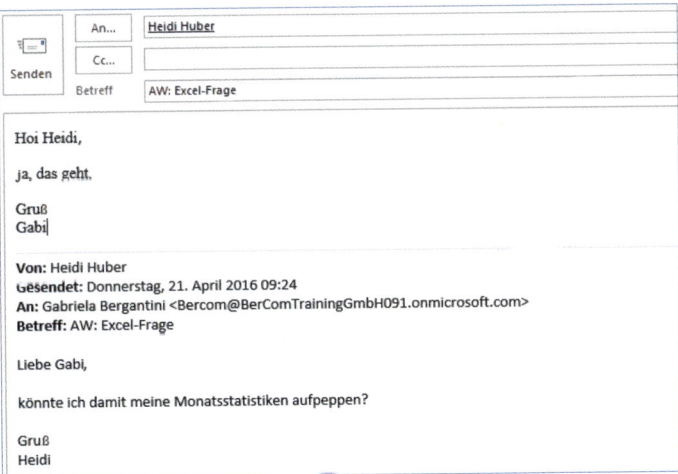

Direkt antworten.

Manche Anwender stören sich daran, dass kein eigenständiges Fenster geöffnet wird, wenn man auf *Antworten* klickt.

Mit einer Option können Sie das ändern.

1   Verzweigen Sie in die *Optionen*, die Sie im *Datei*-Register finden.

2   Im Bereich *E-Mail* scrollen Sie runter zu *Antworten und Weiterleitungen*.

3   Aktivieren Sie die Option *Antworten und Weiterleitungen in neuem Fenster öffnen*.

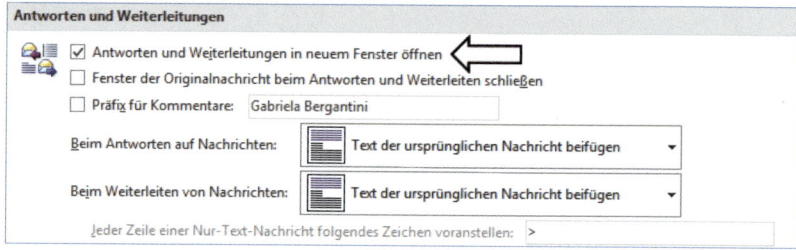

Antworten sollen in einem eigenständigen Fenster verfasst werden.

Startparameter /nopreview

Standardmäßig wird der Lesebereich in jedem Ordner angezeigt. Möchten Sie die Vorschau grundsätzlich deaktivieren, müssten Sie das für jeden Ordner einstellen.

Schneller geht es über den wenig bekannten Startparameter */nopreview*.

1   Erstellen Sie eine Programmverknüpfung auf dem Desktop. Dazu müssen Sie die Outlook-Programmdatei finden. Dies geht zum Beispiel mit einem rechten Mausklick auf das Outlook-Symbol.

2   Wählen Sie anschließend *Mehr/Dateipfad öffnen*.

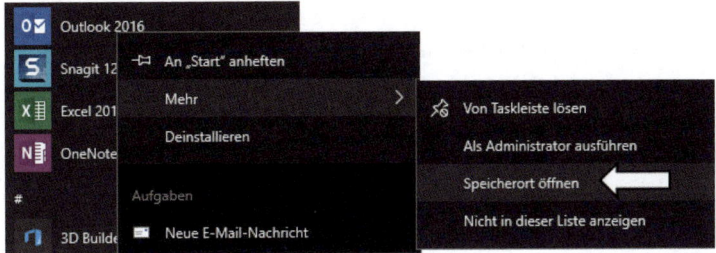

Dateipfad zu Outlook 2016 öffnen.

1 Klicken Sie zuerst mit der rechten Maustaste auf das Outlook-Symbol und wählen Sie anschließend die Option *Senden an/Desktop (Verknüpfung erstellen)*.

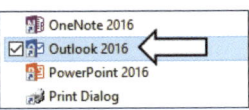

Outlook 2016.

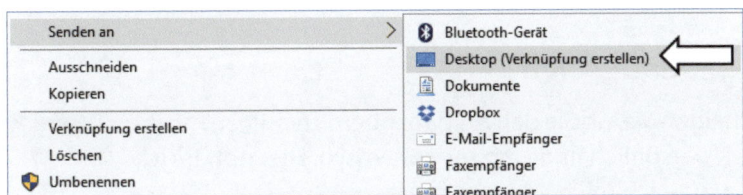

Menü »Senden an«.

2 Lassen Sie sich den Desktop anzeigen, und suchen Sie die soeben erstellte Verknüpfung zu Outlook 2016.

3 Klicken Sie mit der rechten Maustaste auf das Outlook-Symbol und aktivieren Sie die *Eigenschaften*.

4 Im Feld *Ziel* ergänzen Sie den Startparameter */nopreview*.

Startparameter /nopreview.

Aufgabenbereich

Entscheiden Sie, ob Sie den Aufgabenbereich nutzen möchten. Ich persönlich finde ihn sehr praktisch. Hier notiere ich alles, woran ich mich erinnern muss.

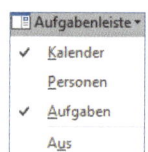

Es ist herrlich, diese Tätigkeiten bei Outlook abladen zu können. So können Sie loslassen und haben den Kopf frei für Wichtigeres.

Elemente der Aufgabenleiste.

Aufgabe oder Termin erfassen

Eine Aufgabe erfassen Sie, wenn Sie wissen, dass Sie etwas tun müssen, aber sich noch nicht im Klaren darüber sind, wann Sie sich mit diesem Thema beschäftigen können. Ist der Zeitpunkt bereits klar, dann erfassen Sie einen Termin.

Bei meiner bevorzugten Darstellung ist der *Lesebereich* ausgeblendet und die *Aufgabenleiste* eingeblendet.

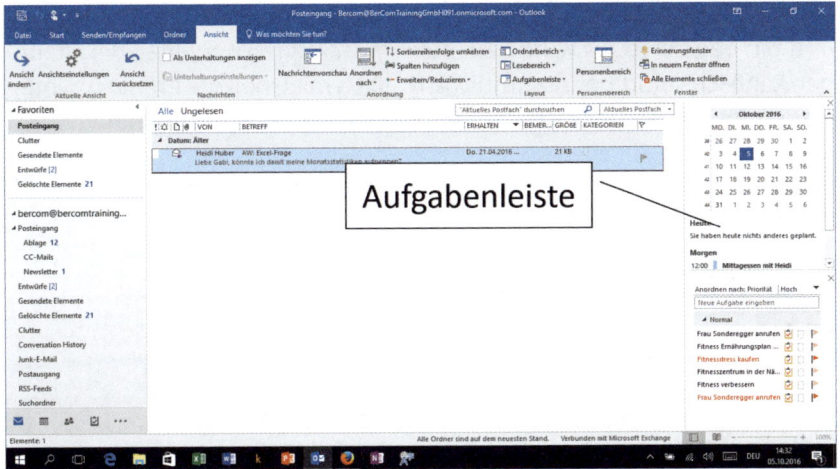

Eingeblendete Aufgabenleiste.

5. Fingereingabe

Die Tablets sind da. Gerade habe ich mir ein Microsoft Surface angeschafft und bin begeistert. Es wurde zu meinem ständigen Begleiter. Bei Sitzungen kann ich sofort handschriftliche Notizen mit OneNote erfassen. Unterwegs zum Kunden lese ich darauf Bücher oder beantworte meine Mails.

Damit sich das Tablet gut mit der Hand bedienen lässt, empfehle ich Ihnen, die **Fingereingabe** zu aktivieren.

 *Wechseln zwischen Finger- und Mauseingabe.*

Der ganze Bildschirm wird größer dargestellt, und eine Leiste mit praktischen Symbolen wird angezeigt. In der Schnellstartleiste befindet sich bereits das entsprechende Symbol.

Leiste für die Fingerbedienung.

Fingermodus ein- und ausschalten

Der Fingermodus wird mit dem Symbol *Touch-/Mausmodus* bei allen
Microsoft-Office-Programmen ein- oder ausgeschaltet.

6. So behalten Sie die Übersicht

Sie können sich Ihre Mails auch nach Unterhaltungen anzeigen lassen. In diesem Fall orientiert sich das Programm an der Betreffzeile der Mail.

Egal, in welchem Ordner sich eine Mail befindet, sie werden alle an einem Ort aufgelistet.

1 Aktivieren Sie die Option *Als Unterhaltungen anzeigen* im Register *Ansicht*.

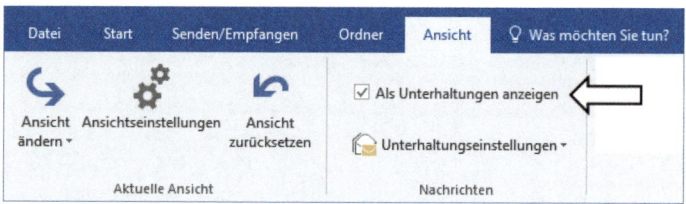

Option »Als Unterhaltungen anzeigen«.

2 Entscheiden Sie, ob Sie die Funktion nur in *Diesem Ordner* oder überall bzw. in *Allen Postfächern* einschalten möchten.

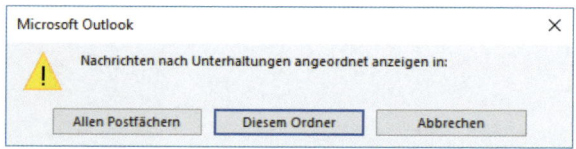

Wo soll die Unterhaltung angezeigt werden?

Die Mails zu dieser Unterhaltung werden aufgelistet. Auch Mails, die in einen Ordner verschoben wurden, werden angezeigt.

Standardmäßig öffnet Outlook den Posteingang. Weiter hinten in diesem Buch werden Sie lernen, sich nicht von den Mails terrorisieren zu lassen. Viel praktischer ist es, wenn Sie sofort den Kalender mit Ihren Aufgaben sehen.

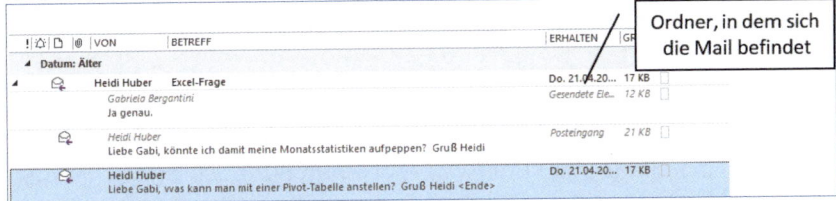

Mails in der Ansicht »Unterhaltung«.

In der nächsten Übung erfahren Sie, wie Sie das Startverhalten von Outlook ändern können. Zusätzlich optimieren Sie die Darstellung, sodass Sie Ihre Ziele und Aktivitäten übersichtlich sehen.

1 Aktivieren Sie den **Kalender**, und wechseln Sie in Ihre bevorzugte Ansicht (Tages-, Wochen- oder Monatsansicht).

2 Stellen Sie sicher, dass die *Aufgabenleiste* eingeschaltet ist. Falls nicht, aktivieren Sie diese über das Menü *Ansicht*.

Aufgabenleiste einblenden und sortieren.

3 Starten Sie das Menü *Datei*, anschließend die *Optionen*, und wechseln Sie in den Bereich *Erweitert*.

4 Richten Sie den Kalender als Startordner ein, indem Sie auf *Suche* klicken.

5 Wählen Sie den *Kalender*.

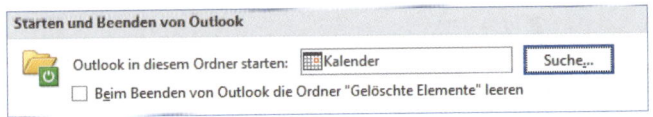

Outlook-Startverhalten ändern.

6 Beenden und starten Sie Outlook. Sie werden feststellen, dass der Kalender mit den Aufgaben angezeigt wird.

7. Mit Unterbrechungen umgehen

Einer der größten Zeitfresser sind die ständigen Unterbrechungen. Dauernd kommen Hinweise, dass neue Mails, SMS oder Telefonate eingegangen sind. Ein Kollege steht unerwartet in Ihrem Büro. Ganz neu wird man sogar elektronisch angesprochen oder angechattet, wie das auf Neudeutsch heißt. Das hindert den Arbeitsfluss. Schützen Sie sich vor Unterbrechungen, so gut es geht.

Auch Ankündigungen neuer Mails unterbrechen Sie bei der Arbeit. Ich empfehle Ihnen, diese Mitteilungen auszuschalten. Sonst schlägt der Sägezahneffekt zu. Dieser stellt dar, wie sich Unterbrechungen auswirken. Man arbeitet an einer Aufgabe und wird unterbrochen durch eine Mail, einen Telefonanruf oder einen Kollegen, der ins Büro kommt. Man kümmert sich nun um diese vermeintlich dringende Angelegenheit. Nach einer Weile kehrt man zurück zur ursprünglichen Arbeit. Nun muss man sich zuerst überlegen, wo man war und was der nächste Schritt ist. Das braucht Zeit, und die Zahl der möglichen Fehlerquellen erhöht sich. Schon kommt die nächste Unterbrechung, und das Ganze geht wieder von vorne los.

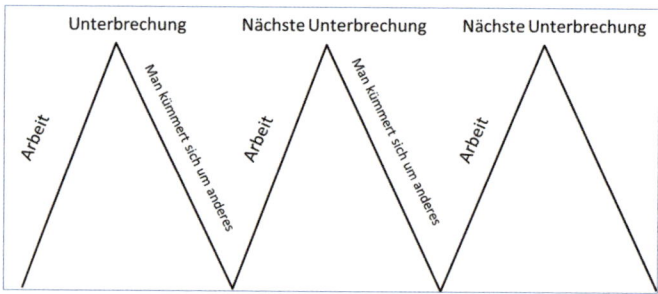

Sägezahneffekt.

Ich habe zu diesem Thema einen sehr guten Beitrag in der »ZEIT« gefunden. Jürgen von Rutenberg schrieb dort den Artikel »Der Fluch der Unterbrechung«, der auf einer Studie von Gloria Mark von der University of California basiert. Hier ein kleiner Auszug aus diesem interessanten Bericht:

»Elf Minuten. So lange kann sich den einschlägigen Studien zufolge der durchschnittliche Büroarbeiter mit einem Thema beschäftigen, bevor er unterbrochen wird. Elf Minuten, das mag erst mal gar nicht so dramatisch klingen. Doch je näher man hinsieht, desto verrückter erscheint unsere ganz normale Arbeitswelt. Am genauesten hingesehen hat die Computerwissenschaftlerin Gloria Mark von der University of California. Zusammen mit einigen ihrer Doktoranden begab sie sich 2004 in eine kalifornische Hi-Tech-Firma und ermittelte dort per Stoppuhr die Arbeitsabläufe von sieben Managern, acht Programmierern und neun Analysten. Über mehrere Tage hinweg wurden, Sekunde für Sekunde, insgesamt 700 Arbeitsstunden erfasst. Mit dieser Methode steht Mark in der Tradition von Frederick Taylor und Henry Ford, die Anfang des vorigen Jahrhunderts mit der Stoppuhr durch die Fabrikhallen zogen, auf der Suche nach Produktivitätsreserven. [...] Nach jeder Unterbrechung, so fand sie heraus, wendet sich der Büroarbeiter im Durchschnitt mindestens zwei anderen Aufgaben zu, bevor er zur ursprünglichen Tätigkeit zurückkehrt – etwa 25 Minuten später. Nach so vielen Ablenkungen dauert es natürlich, bis er sich wieder in die alte Aufgabe hineingedacht hat. Der Schreibtisch ist mittlerweile von neuen Papierschichten überlagert, die Fenster auf dem Monitor müssen neu zurechtgezogen werden. [...] Bis der moderne Held der Arbeit wieder die Konzentration erreicht hat, die er vor der Unterbrechung hatte, vergehen rund acht Minuten. Bleiben noch drei Minuten effektive Arbeitszeit bis zur nächsten Unterbrechung. Und das Spiel beginnt von vorn: einen Schritt vor, vier Schritte zurück, jeweils mit hoher Geschwindigkeit, unter vollem Einsatz. Denn wohlgemerkt handelte es sich bei der untersuchten Organisation nicht um einen Kindergarten oder Chaotenhaufen, sondern um eine durchorganisierte Firma, bei der es unter Hochdruck jederzeit um sehr viel Geld ging.«[1]

---

1 Jürgen von Rutenberg, Der Fluch der Unterbrechung, in: »DIE ZEIT« Nr. 46/2006 vom 09.11.2006.

Ideal ist es, ca. 40 Minuten ohne Unterbrechungen am Stück zu arbeiten. Informationsjunkies können mal versuchen, für zehn Minuten ihre Mails und Facebook zu ignorieren.

Wie bereits erwähnt, unterbinden Sie am besten auch die Meldungen, die Ihnen mitteilen, dass eine neue Nachricht bei Ihnen angekommen ist. Ich empfehle Ihnen, diese Benachrichtigungen auszuschalten.

1 Verzweigen Sie dazu in das Menü *Datei/Optionen/E-Mail*.

2 Schalten Sie alle Optionen im *Nachrichteneingang* aus.

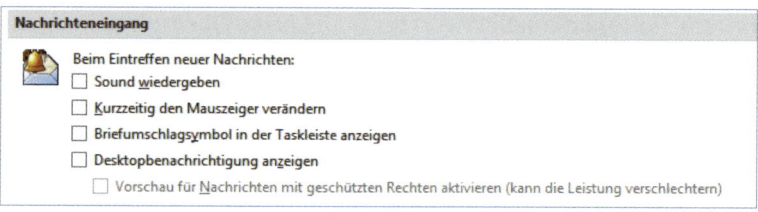

Benachrichtigungen neuer Mails ausschalten.

Es ist besser, die Mails zu bestimmten Zeiten zu checken. Je nach Tätigkeit und Geschäft muss das mehr oder weniger oft sein. Vielleicht müssen Sie Ihr Umfeld ein bisschen erziehen. Mit der Zeit spricht sich dann herum, dass Sie nicht gleich bei jeder Mail alles stehen und liegen lassen. Besprechen Sie das Thema in Ihrem Team.

Welche Antwortzeiten sind notwendig oder sinnvoll? Es gibt Situationen, in denen Sie ganz dringend auf eine Nachricht warten. Mit einer Regel können Sie sich gezielt benachrichtigen lassen. Regeln werden später in diesem Buch erklärt.

Übrigens: Multitasking funktioniert nicht. Eine Arbeit dauert nur länger, und die Qualität sinkt. Auch Frauen können es nicht. Eines nach dem anderen ist immer noch das Beste.

Setzen Sie Prioritäten. Man sollte sich täglich zwei Aufgaben oder Ziele vornehmen, die man am Stück ohne Unterbrechung durchzieht. Bauen Sie

Belohnungen in Ihren Tag ein. Zum Beispiel: Wenn ich das Budget abgegeben habe, gehe ich früher nach Hause und habe Zeit für mein Hobby.

Vor Kurzem besuchte mal wieder eine viel beschäftigte Dame einen meiner Excel-Kurse. Pausenlos leuchtete die Mitteilung, dass neue Nachrichten eingetroffen seien. Auch läutete immer mal wieder das Telefon, und sie musste den Schulungsraum verlassen. Sie könne das Telefon nicht ausschalten, sie sei zu wichtig, sagte sie. Dabei sagte sie jeweils nur, sie sei im Kurs und rufe später zurück.

Durch ihre Tätigkeiten war die Dame so abgelenkt, dass sie nur schwer dem Kurs folgen konnte. Ganz zu schweigen davon, dass sie auch die anderen Kursteilnehmer ablenkte und irritierte.

Am Abend war sie entsprechend frustriert, weil sie ihr Kursziel nur teilweise erreicht hatte. Ich frage mich, ob es nicht besser gewesen wäre, wenn sie die Telefonate einfach auf den Anrufbeantworter geleitet und in den Pausen zurückgerufen und die Mails zu einem späteren Zeitpunkt abgearbeitet hätte. So hätte sie wenigstens voll und ganz vom Kurs profitieren können.

Ein weiteres krasses Beispiel war eine Kursteilnehmerin, die in einer großen Firma sehr bekannt war. Jeder Person, die den Kursraum betrat, musste sie erzählen, wie beschäftigt sie sei. Sie habe kaum Zeit für ihre tägliche Arbeit. Und ihr Chef sei hilflos ohne sie. Man hatte das Gefühl, die Dame arbeite Tag und Nacht.

Ich dachte darüber nach, wie viel Zeit nur mit ihren Ausführungen darüber verloren ging, wie viel sie zu tun habe. Ich konnte mir vorstellen, dass sie das auch den Tag durch gern jedem erzählte.

Natürlich konnte sie auch mit all meinen Tipps nichts anfangen. Bei ihr war alles anders und speziell. Ich hatte das Gefühl, sie wollte gar nichts lernen, sie wollte vor allem Anerkennung für ihre Tätigkeit.

Es ist mir immer suspekt, wenn ein Mensch so viel beschäftigt wirkt. Eine Studie belegt, dass Workaholics gar nicht so viel arbeiten, wie man meint. Viele tun nur so viel beschäftigt, sind aber in Wahrheit völlig ineffizient. Die stillen Schaffer, die ohne viel Aufhebens ihre Arbeit erledigen, sind mir viel sympathischer. Die Leistung dieser Personen wird sehr oft nicht geschätzt. Leider bekommen die vermeintlichen Workaholics fälschlicherweise weit mehr Anerkennung.

8. Planen und Organisieren

Sie haben nun einige Ziele und Ideen in Ihren Aufgaben erfasst, die sich alle in der Kategorie *Keine Angabe* befinden. In diesem Kapitel zeige ich Ihnen, wie Sie mit Kategorien Ordnung in Ihre Aufgaben bringen können. Wir richten zwei Arten von Kategorien ein: Planungs- und Aktionskategorien. Mit den Planungskategorien definieren Sie Ihre Ziele und Gedanken. Die Aktionskategorien sind die To-dos, um die definierten Ziele zu erreichen.

Bevor Sie Kategorien einrichten, lohnt es sich, ein paar Vorüberlegungen anzustellen. In Outlook 2016 werden sämtliche Kategorien an einem Ort gespeichert. Aufgabenkategorien, Terminkategorien, Kontaktkategorien sind alle im gleichen Container. Mit einer Namenskonvention behalten Sie den Überblick. Stellen Sie vor den Kategorienamen eine Zahl. Beginnen Sie die Terminkategorien zum Beispiel mit einer 1 (zum Beispiel *1Sitzung*), Aufgabenkategorien mit einer 2 (Beispiele erkläre ich gleich im Anschluss), Kontaktkategorien mit einer 3 (zum Beispiel *3Restaurants*). Dieses System hat sich in der Praxis bewährt. Durch diese Namensgebung beeinflussen Sie die Sortierung. Dadurch befinden sich die gleichen Kategorien beieinander.

In der nächsten Übung erfassen Sie Aufgabenkategorien. Bei den Aktionskategorien verwenden Sie die Nummer 2. Damit die Planungskategorien (Ihre Ziele) zusammenbleiben, setzen Sie einen Punkt davor. Der Punkt ist ein Sonderzeichen und wird von den Computern am Anfang angezeigt. Ihre Ziele sind das Allerwichtigste. Darum sollten Sie diese zuerst sehen. Danach erfassen Sie die Aktionskategorien. Dazu gibt es viele Ideen, wie man diese benennen könnte.

Mir gefällt das System von Sally McGhee (Autorin des Buches »Take Back Your Life!«) am besten. Wenn man gleiche Aufgaben hintereinander erledigt, ist man schneller. Zum Beispiel Telefonate. Erledigen Sie alle Anrufe zu einem Thema möglichst hintereinander. Oder Aufgaben im Internet. Ich bestelle im Normalfall alle Schulungsunterlagen einmal in der Woche.

Dadurch muss ich mich nur einmal im Onlineshop einloggen. Zusätzlich muss ich bei größeren Stückzahlen keine Versandkosten bezahlen. Ich spare also Zeit und Geld.

Erfassen Sie folgende Kategorien. Vergessen Sie den Punkt bei den Planungskategorien nicht. Dieser ist wichtig, damit die Ziele ganz zuoberst aufgelistet werden:

Planungskategorien

- .Hauptziele: Business
- .Hauptziele: Persönlich
- .Projekte: Business
- .Projekte: Persönlich
- 1:1 Meetings (legen Sie pro Person eine Kategorie an, zum Beispiel 1:1 Chef, 1:1 Barbara, 1:1 Heinz etc.)

Aktionskategorien

- 2Anrufe
- 2Computer
- 2Pult
- 2Besorgungen
- 2zu Hause
- 2Online
- 2Nachfassen
- 2Irgendwann einmal

Nun folgt die ausführliche Erklärung zu den Kategorien:

1:1 Meetings

Erstellen Sie Kategorien für Personen, die Sie regelmäßig treffen. Sicher müssen Sie sich in regelmäßigen Abständen mit Ihrem Chef oder Ihren

Mitarbeitern treffen. Damit Sie diese Zeit optimal nutzen, lohnt es sich, die zu besprechenden Punkte laufend zu sammeln. In dieser Kategorie können Sie diese Informationen verwalten. Sobald Sie mit der jeweiligen Person zusammensitzen, müssen Sie nur einen Blick in die Kategorie werfen, um nichts zu vergessen.

2Anrufe

Vor allem, wenn Sie ein wenig unter einer Telephobie (Angst vor dem Telefon) leiden, ist es am besten, wenn Sie alle Telefonate hintereinander erledigen. Nutzen Sie den Kommentarbereich, um sich optimal auf Anrufe vorzubereiten. Dadurch vermeiden Sie, dass Sie noch mal anrufen müssen, weil Sie etwas vergessen haben.

2Computer, 2Pult, 2zu Hause, 2Online

Manche Aufgaben kann man nur erledigen, wenn man die entsprechende Infrastruktur zur Verfügung hat oder sich an einem bestimmten Ort befindet. Muss ich zum Beispiel ein Angebot schreiben, brauche ich zwingend einen Computer. Muss ich Unterlagen bestellen, brauche ich eine Internetverbindung.

2Besorgungen

Bestimmt ist Ihnen das auch schon passiert: Sie befinden sich in einem Laden und wissen, dass Sie etwas Bestimmtes kaufen wollten, Ihnen fällt aber partout nicht ein, was das war. Zu Hause fällt es Ihnen dann wieder ein. Mit der Kategorie *2Besorgungen* passiert Ihnen das nicht mehr. Notieren Sie sich laufend, welche Besorgungen Sie in welchem Laden vornehmen müssen.

Das bedingt natürlich, dass Sie Ihre Aufgaben synchronisieren. Das funktioniert schon seit einiger Zeit mit dem iPhone und auch mit Android-Smartphones. Sie können Ihre Aufgaben auch in OneNote erfassen und über OneDrive synchronisieren, damit sie Ihnen auch unterwegs zur Verfügung stehen. Falls Sie OneNote noch nicht kennen, müssen Sie es sich unbedingt anschauen – wirklich ein sehr praktisches Programm für Notizen.

2Nachfassen

Hier notieren Sie sich Elemente, bei denen Sie nachfassen müssen oder auf Informationen warten.

2Irgendwann einmal

In diese Kategorie gehören Projekte, für die Sie momentan keine Zeit haben, weil der Tag nur 24 Stunden hat. Sie möchten diese Ziele aus irgendwelchen Gründen jedoch nicht aus den Augen verlieren.

Kategorien erfassen

Eröffnen Sie nun die Kategorien wie beschrieben.

1 Im Bereich *Aufgaben* im Register *Ansicht* aktivieren Sie zuerst die Anordnung nach *Kategorien*.

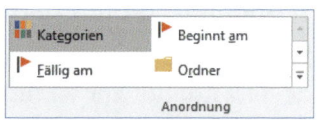

Anordnung nach Kategorien.

2 Wir nutzen eine beliebige Aufgabe, um alle Kategorien zu erfassen. Klicken Sie mit der rechten Maustaste auf eine bereits existierende Aufgabe.

3 Aus dem Kontextmenü wählen Sie *Kategorisieren/Alle Kategorien*.

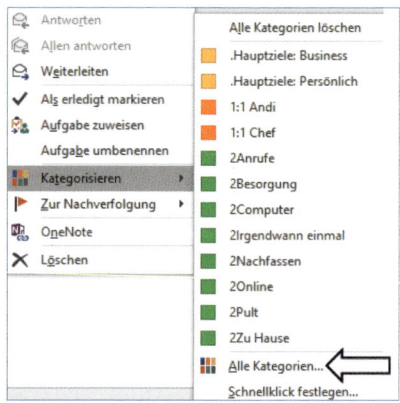

Kategorien eröffnen.

4 Mit *Umbenennen* bearbeiten Sie die bereits vorhandenen Kategorien. Mit *Neu* können Sie zusätzliche Kategorien erfassen.

5 Überlegen Sie sich auch, in welcher Farbe Sie die Aufgabenkategorien erstellen möchten. Ich habe für die Aufgabenkategorien die Farbe Grün, für die Kategorie *1:1 Chef* Rot und für die Ziele Orange verwendet.

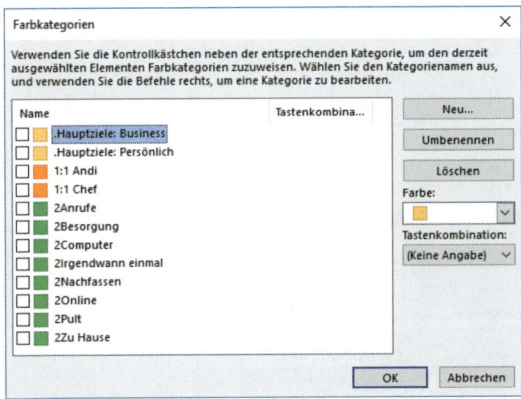

Erfasste Kategorien.

Kategorien einer Aufgabe zuweisen

Üben wir die Kategorien anhand der Fitnessaufgaben, die wir am Ende von Kapitel 2 erfasst haben. Sie müssen sich zuerst überlegen, ob die Aufgabe ein Ziel oder eine Aktivität ist. Unsere Aufgabe *Fitness verbessern* ist ein persönliches Ziel. Darum weisen wir die Kategorie *.Hauptziele: Persönlich* zu.

Bei jeder Aktivität müssen Sie sich überlegen, wie Sie die Aufgabe erledigen werden. Nehmen wir die Aufgabe *Fitnessdress kaufen*. Da gehen Sie wahrscheinlich in einen Laden und kaufen sich ein schönes Outfit. In diesem Fall weisen Sie die Kategorie *2Besorgung* zu.

Bei der Aufgabe *Fitnesszentrum in der Nähe suchen* werden Sie sich wahrscheinlich zuerst im Internet einen Überblick verschaffen, welche Zentren in Ihrer Nähe sind. In diesem Fall weisen Sie *2Online* zu.

1 Klicken Sie mit der rechten Maustaste auf die Aufgabe und wählen Sie die Funktion *Kategorisieren*.

2 Legen Sie die gewünschte Kategorie fest.

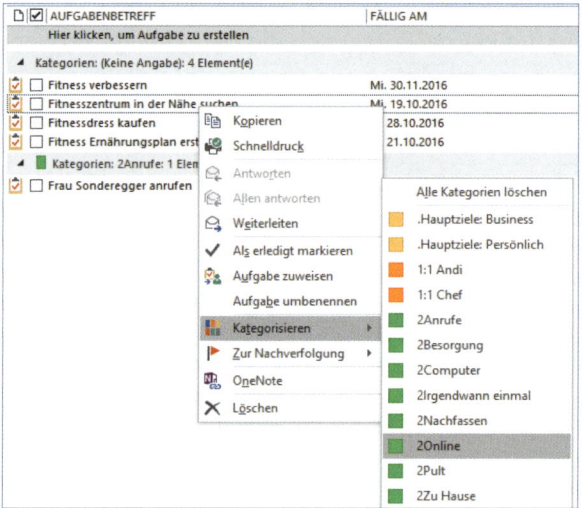

Kategorie zuweisen.

Gehen Sie nun durch Ihre Aufgaben, und weisen Sie allen die entsprechende Kategorie zu. Es sollte keine Aufgabe mehr ohne Kategorie geben.

Das fertige Resultat sollte ungefähr so aussehen:

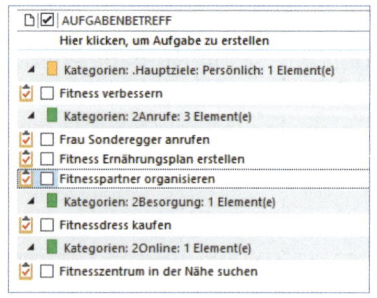

Zugewiesene Kategorien.

Kalenderansicht anpassen

Im Kalender werden die Aufgaben nach Fälligkeitsdatum geordnet. Mit der rechten Maustaste können Sie das sehr schnell ändern:

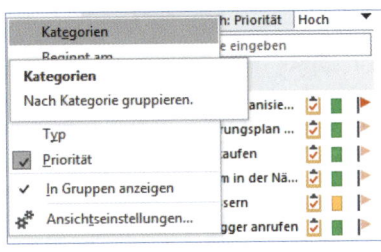

1 Klicken Sie mit der linken Maustaste auf den Titel des Fensters, in dem Sie den Begriff *Angeordnet nach* sehen.

Aufgaben nach Kategorien ordnen.

2 Wählen Sie *Kategorien*.

Aufgaben erledigen

Es ist sehr wichtig, dass Sie Ihre Aufgaben erledigen. Lassen Sie die Aufgaben nicht einfach stehen. Sonst wird es bald unübersichtlich. Ich stelle immer wieder fest, dass die Anwender mit den Aufgaben zu arbeiten beginnen, diese dann aber nie erledigen. Die Liste wird immer länger, und abgelaufene Aufgaben werden rot formatiert.

Kennzeichnen Sie die Aufgaben als erledigt, wenn diese vom Tisch sind. Es gibt Ihnen zusätzlich ein gutes Gefühl, wenn Sie die Aufgaben abhaken können. Ich genieße das sehr, wenn ich am Abend durch meine Aufgabenliste gehe und viele abhaken kann.

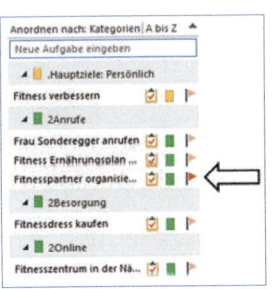

1 Klicken Sie auf das Fähnchensymbol, um die Aufgabe zu erledigen. Die Aufgabe wird aus der Liste verschwinden.

Falls Sie versehentlich eine Aufgabe als erledigt gekennzeichnet haben, können Sie diese wieder aktivieren:

2 Wechseln Sie in die *Aufgaben*.

Aufgaben abhaken, indem Sie auf das Fähnchen klicken.

3 Sie finden den Eintrag im Register *Ansicht/Ansicht ändern/Erledigt*.

Erledigte Aufgaben anzeigen lassen.

Aufgabe wieder als unerledigt kennzeichnen

Sobald Sie auf das Fähnchensymbol klicken, wird der Aufgabe der *Status Erledigt* zugewiesen. Ändern Sie den *Status* auf *Nicht begonnen*, falls nötig.

Damit die Aufgabe wieder aktiv wird, klicken Sie doppelt auf die Aufgabe und wechseln den *Status* von *Erledigt* auf *Nicht begonnen*.

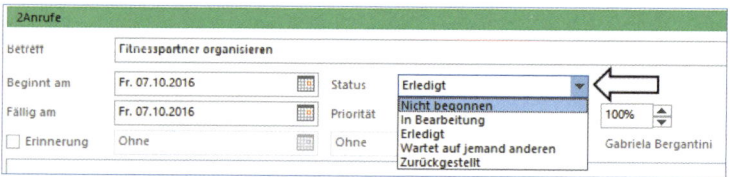

Erledigte Aufgabe reaktivieren.

Neue Status in Outlook

In Outlook 2016 sind die zusätzlichen Status *Wartet auf jemand anderen* und *Zurückgestellt* neu hinzugekommen.

Fälligkeitsdatum und Priorität bearbeiten

Viele Anwender haben ein schlechtes Zeitmanagement, weil sie ihre Aufgaben nicht priorisieren. Sie erledigen die Aufgaben so, wie sie eintreffen. Eine Mail trifft im Posteingang ein, und Sie kümmern sich sofort darum. Ein Kollege steht unangemeldet in Ihrem Büro, und Sie lassen alles stehen und liegen. Es ist sehr wichtig, dass Sie entscheiden, welche Aufgaben Sie überhaupt erledigen möchten, und dass Sie diese dann nach Wichtigkeit und Fälligkeit sortieren. Die folgenden Techniken können Ihnen dabei helfen.

Das Pareto-Prinzip

Dieses Prinzip hilft mir, die Dauer der Bearbeitung in einem vernünftigen Rahmen zu halten. Ein spannendes Phänomen, das besagt, dass Sie mit 20 % des Aufwands oft 80 % der Wirkung erzielen.

- 20 % der Kunden verursachen 80 % des Umsatzes.
- 20 % der Produktpalette sorgen für 80 % des Gewinns.
- 20 % der Kleider tragen wir 80 % unserer Zeit.

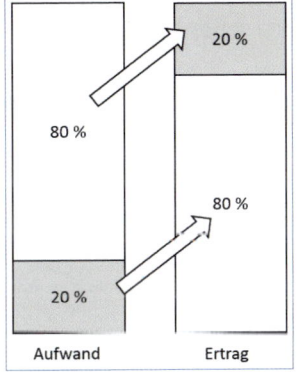

Ich war völlig verblüfft, als ich das erste Mal davon hörte. Gerade wenn ich an meine Kleider denke, stimmt das haargenau. Dieses Prinzip hat mir letztlich geholfen, meinen Kleiderschrank endlich aufzuräumen und mich von vielen Kleidern zu trennen. Bei jedem Stück überlegte ich mir, ob es nun in die 20er- oder in die 80er-Kategorie gehörte.

Pareto-Prinzip.

Überlegen Sie sich, welche Arbeiten Ihnen am meisten bringen. »Work smarter, not harder«. Was ist die Konsequenz, wenn Sie etwas nicht erledigen? Vor allem Leute, die es allen recht machen wollen, müssen aufpas-

41

sen. Es ist nicht möglich, von allen geliebt zu werden. Everybody's darling is everybody's idiot. Lernen Sie, höflich, aber bestimmt Nein zu sagen.

Versuchen Sie auch, Leute loszuwerden, die ständig an Ihnen rumnörgeln. Diese Personen rauben Ihnen viel Energie. Ist der Kunde, der sich immer beklagt, wirklich den Ärger wert? Schauen Sie sich Ihre Familie und Ihren Bekanntenkreis an. Wer bewirkt, dass Sie sich gut fühlen, wer nörgelt nur an Ihnen herum? Sind das Freunde, die Ihnen Energie geben oder nehmen?

Das Eisenhower-Diagramm

Falls Ihnen die Arbeit über den Kopf wächst, hilft Ihnen das Eisenhower-Diagramm, Prioritäten zu setzen. Dwight »Ike« David Eisenhower war der 34. Präsident der Vereinigten Staaten (1953–1961) und während des Zweiten Weltkriegs Oberbefehlshaber der alliierten Streitkräfte in Europa. Gerade in dieser Zeit prasselten unzählige Aufgaben auf ihn ein. Um diese schnell zu ordnen, hat er sich ein sehr einfaches System ausgedacht. Bei jeder Aufgabe hat er sich gefragt, ob diese wichtig und dringend sei.

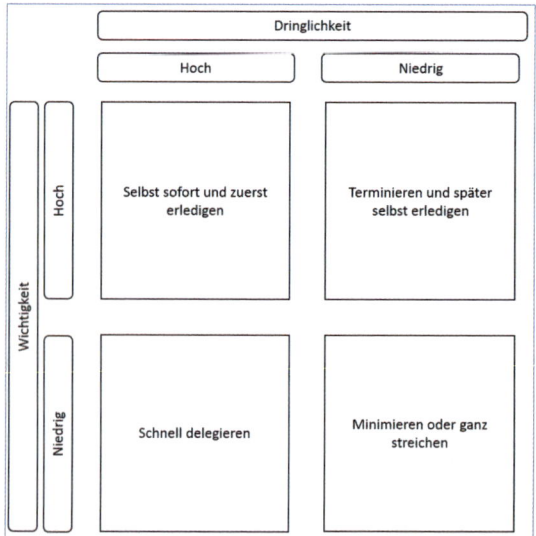

Eisenhower-Diagramm.

Wenn es wichtig und dringend ist, dann handelt es sich um einen Notfall, und Sie müssen die Angelegenheit sofort selbst erledigen. Ist es wichtig, aber noch nicht dringend, können Sie die Aufgabe für eine geeignete Zeit einplanen.

Ist es nicht wichtig, aber dringend, könnten Sie die Angelegenheit delegieren. Falls eine Aufgabe nicht wichtig und nicht dringend ist, dann fragen Sie sich, ob Sie diese Aufgabe wirklich erledigen möchten. Ich habe gehört, dass eine Schweizer Großbank viele Assistentinnen entlassen hat. Man hatte festgestellt, dass diese vor allem nicht wichtige und nicht dringende Aufgaben erledigten.

Das spricht leider nicht für die Delegierfähigkeiten ihrer Chefs. Wie man richtig delegiert, lernen Sie später in diesem Buch. Versuchen Sie, wann immer möglich, als Erstes am Morgen etwas Wichtiges, aber noch nicht Dringendes zu erledigen. Dann wird es nie wichtig und dringend. Das Arbeiten wird viel entspannter, wenn man nicht alles auf den letzten Drücker erledigt.

Ein guter Trick ist auch, etwas Unangenehmes gleich als Erstes am Morgen zu erledigen. Stellen Sie sich das tolle Gefühl vor, wenn etwas, das Sie schon lange vor sich herschieben, erledigt ist. Das gibt Ihnen einen Schub für den ganzen Tag. Beim Abhaken der Aufgabe wird im Hirn übrigens Dopamin ausgeschüttet. Dieser Botenstoff wird auch als Glückshormon bezeichnet.

Wenn Sie immer noch Mühe haben, sich zu entscheiden, welche Aufgaben Sie wann erledigen sollten, hilft Ihnen vielleicht das Spital-Notfallsystem. Wenn Sie notfallmäßig ins Krankenhaus müssen, werden Sie nicht in der Reihenfolge, in der Sie eintreffen,

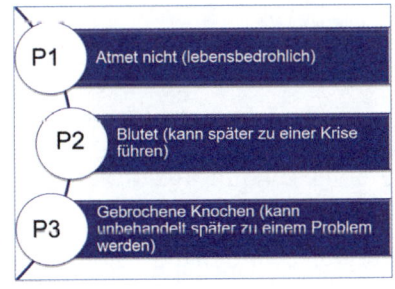

Einteilung Notfallpatienten.

behandelt, sondern je nach Dringlichkeit Ihrer Verletzung. Die Patienten werden unterteilt von P1 bis P3.

Diese Codes könnten Sie wie folgt auf Ihre Aufgaben anwenden:

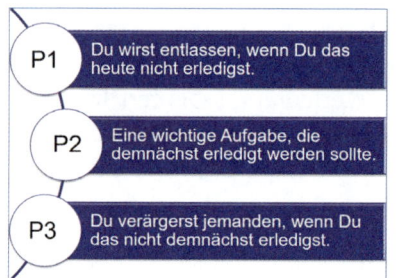

Adaption der Aufgaben.

Priorität bzw. Wichtigkeit zuweisen

Wichtige und dringende Aufgaben kennzeichnen Sie mit der Priorität *Hoch*. Wichtige, aber noch nicht dringende Aufgaben erhalten die Priorität *Normal*.

1 Doppelklicken Sie auf eine Aufgabe.

2 Weisen Sie die *Priorität Hoch* bei wichtigen und dringenden Aufgaben zu.

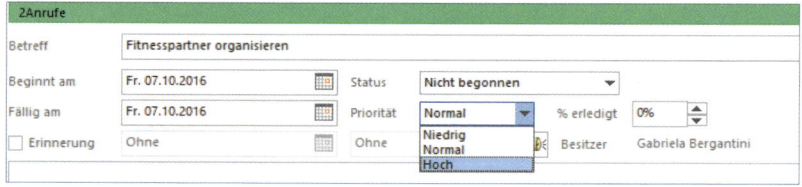

Priorität einer Aufgabe ändern.

Wenn es brennt, lassen Sie sich die Aufgaben nach Priorität anzeigen.

Klicken Sie auf den Text *Anordnen nach*, und wählen Sie *Priorität*. Gleich zuoberst werden die Aufgaben mit der Wichtigkeit *Hoch* angezeigt.

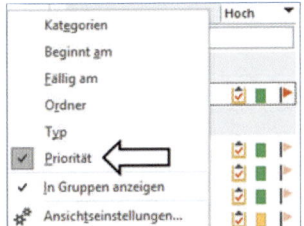

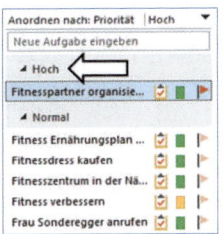

Aufgaben nach Priorität sortieren.   *Aufgaben nach Priorität geordnet.*

Die tägliche Aufgabenliste

In den neueren Outlook-Versionen gibt es eine zusätzliche Möglichkeit, sich die Aufgaben anzeigen zu lassen: die tägliche Aufgabenleiste. Gerade bei kleinen Aufgaben, die man nicht im Kalender einplanen möchte, hilft diese Darstellung.

Ich plane Aufgaben, die weniger als eine halbe Stunde dauern, in der Leiste. Die längeren Aufgaben schreibe ich meistens in meinen Kalender.

Falls Sie die tägliche Aufgabenleiste nicht sehen, können Sie diese über das Menü *Ansicht* aktivieren:

1 Wechseln Sie in das Register *Ansicht* und klicken Sie auf das Symbol *Tägliche Aufgabenliste*.

2 Weisen Sie die Darstellung *Normal* zu.

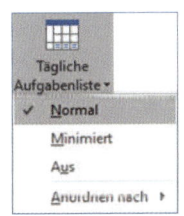

Sobald Sie eine Aufgabe mit einem Fälligkeitsdatum versehen, wird diese am definierten Tag in der täglichen Aufgabenliste angezeigt. Nicht erledigte Aufgaben werden automatisch auf den nächsten Tag geschoben.

Tägliche Aufgabenleiste einblenden.

1 Klicken Sie mit der rechten Maustaste auf das rote Fähnchen und definieren Sie ein Fälligkeitsdatum.

2 Mit *Benutzerdefiniert* können Sie ein individuelles Datum und eine Erinnerung festlegen.

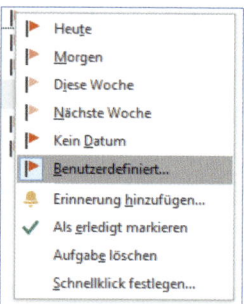

Fälligkeitsdatum zuweisen.

3 Gehen Sie nun durch Ihre Aufgaben, und weisen Sie jeweils ein sinnvolles Fälligkeitsdatum zu. Setzen Sie sich nicht zu enge Deadlines. Es ist frustrierend, wenn man ständig im Hintertreffen ist und nur noch rot eingefärbte Aufgaben sieht.

4 Lassen Sie sich die Aufgaben nach Fälligkeit anzeigen.

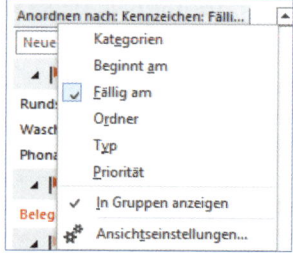

Aufgaben sortiert nach Fälligkeitsdatum.

Workflow-Modell

Wir werden heute mit Mails überschwemmt. Es ist noch gar nicht so lange her, dass man problemlos ohne Mails leben konnte. Haben Sie gewusst, dass Outlook 97 für 50 E-Mails in der Woche konzipiert war? Viele von uns bekommen heutzutage 50 Mails pro Tag. Dass die Leute mit dieser Flut von Informationen überfordert sind, ist klar. In diesem Abschnitt möchte ich Ihnen Techniken vorstellen, mit denen Sie die Mailflut bewältigen können.

Eine Schätzung des Technologie-Marktforschungsunternehmens Radicati Group vom Februar 2017 besagt Folgendes:

- Knapp 206 Milliarden Mails werden täglich verschickt.
- Das sind etwa 2,4 Millionen pro Sekunde.
- In einem Jahr beläuft sich das auf 74 Billionen elektronischer Nachrichten.
- Ein klassischer Büroangestellter bekommt durchschnittlich 121 Nachrichten pro Tag.
- Davon sind ca. 49,7 % Spam.
- 4,4 Milliarden ist die Anzahl der E-Mail-Accounts weltweit.
- Montags werden besonders viele Nachrichten verschickt.
- Mittwochs und freitags sind am wenigsten Mails unterwegs.

Sicher ist es Ihnen auch schon so ergangen: Sie öffnen eine E-Mail und schließen sie gleich wieder, weil Sie noch nicht wissen, was damit zu tun ist, oder es ist zu kompliziert, oder Sie haben momentan keine Zeit. So geht es zwei-, dreimal.

Das mehrmalige Öffnen einer Mail ist ein Zeitfresser. Grundsätzlich sollten Sie es so machen: Wenn Sie nicht bereit sind, die Mail zu verarbeiten, öffnen Sie sie nicht.

Regel Nr. 1: Eine geöffnete Mail darf nicht einfach wieder geschlossen und im Posteingang belassen werden. Sie sollten sie verarbeiten. Das folgende Workflow-Modell soll Ihnen dabei helfen.

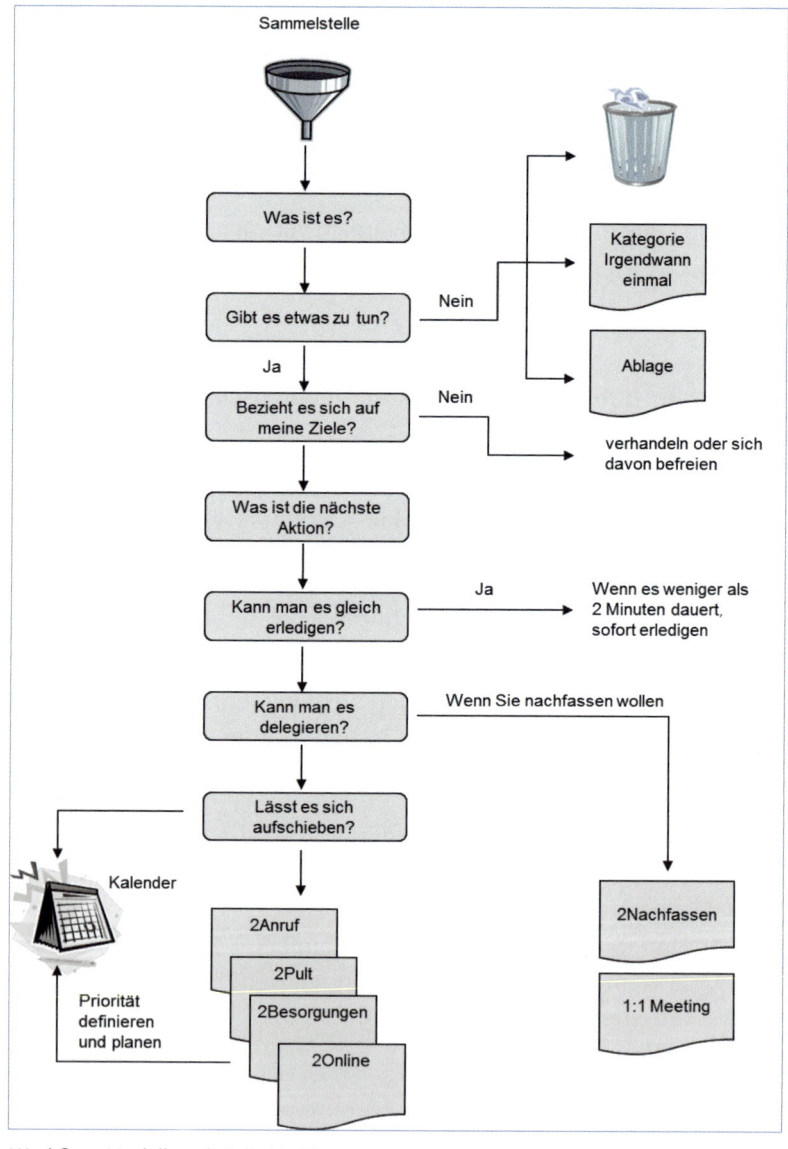

Workflow-Modell nach Sally McGhee.

Dazu ein Beispiel: Immer wieder erhalte ich Anfragen für Kurse und muss ein Angebot schreiben:

Was ist es? – Ich habe eine Anfrage für ein Angebot erhalten.

Gibt es etwas zu tun? – Ja. Angebote zu schreiben, ist eine meiner Hauptaufgaben.

Bezieht es sich auf mein Ziel? – Ja. Ich habe das Ziel, 15 % mehr Umsatz zu generieren. Mit dieser Offerte käme ich dem Ziel näher.

Was ist die nächste Aktion? – Ich werde einen ersten Entwurf des Angebots zusammenstellen.

Kann man es gleich in weniger als zwei Minuten erledigen? – Nein.

Kann man es delegieren? – Nein.

Lässt es sich aufschieben? Ja. Ich wandle die Mail in eine Aufgabe oder einen Termin um und platziere sie in den nächsten Tagen im Kalender.

Regel Nr. 2: Nutzen Sie Ihren Posteingang nicht als Sammelstelle. Studien haben gezeigt, dass Sie eine Mail, die im Posteingang bleibt, im Schnitt zwischen drei- und siebenmal lesen. Das kostet Zeit.

E-Mails in Aufgaben umwandeln

Einer meiner absoluten Lieblingstricks: So wandeln Sie eine E-Mail in eine Aufgabe um.

1 Fassen Sie eine Mail Ins Auge, und ziehen Sie sie mit der rechten Maustaste auf die *Aufgaben*.

2 Aus dem Kontextmenü wählen Sie *Hierher verschieben als Aufgabe mit Anlage*.

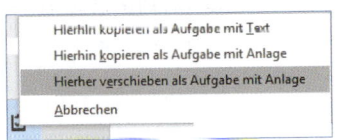

Mail in Aufgabe umwandeln.

Erfassen Sie die Details zur Aufgabe:

3 Passen Sie den Betreff an, damit Sie später die Aufgabe wiederfinden.

4 Definieren Sie ein *Fälligkeitsdatum*.

5 Weisen Sie die entsprechende *Kategorie* zu.

6 Erfassen Sie alles, was Sie zu dieser noch nicht erledigten Aufgabe wissen, im Notizbereich.

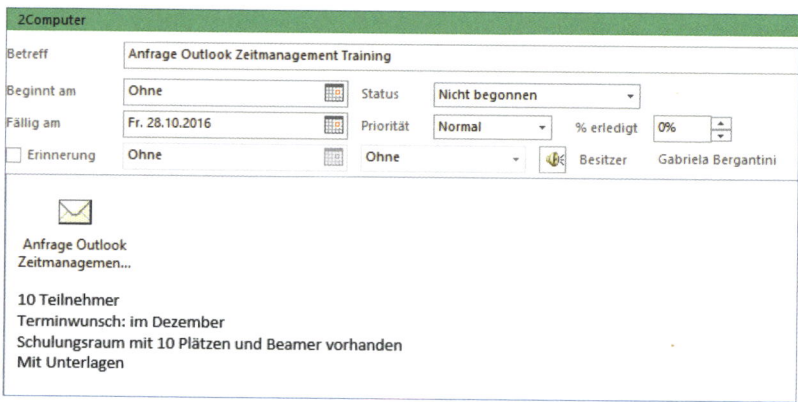

Aufgabendetails erfassen.

Hinweis

Seit ich diese Technik verwende, habe ich nie mehr vergessen, ein Thema in meinen Angeboten zu erwähnen.

Früher ist es mir ab und zu passiert, dass ich bereits auf *Senden* geklickt hatte und mir dann später in den Sinn kam, dass ich noch einen weiteren Punkt hätte erwähnen sollen. Dann war es aber zu spät.

Sie haben mit diesem Schritt nicht nur die Mail in die Aufgaben verschoben, sondern Sie haben sich auch auf die Aufgabe vorbereitet. Sie wissen, wie und bis wann Sie die Aufgabe erledigen werden.

Die Aufgabe wird in der gewählten Kategorie angezeigt.

1 Wenn Sie bereit sind, an der Aufgabe zu arbeiten, wechseln Sie in den Kalender und suchen die Aufgabe in der Aufgabenleiste oder in der täglichen Aufgabenleiste.

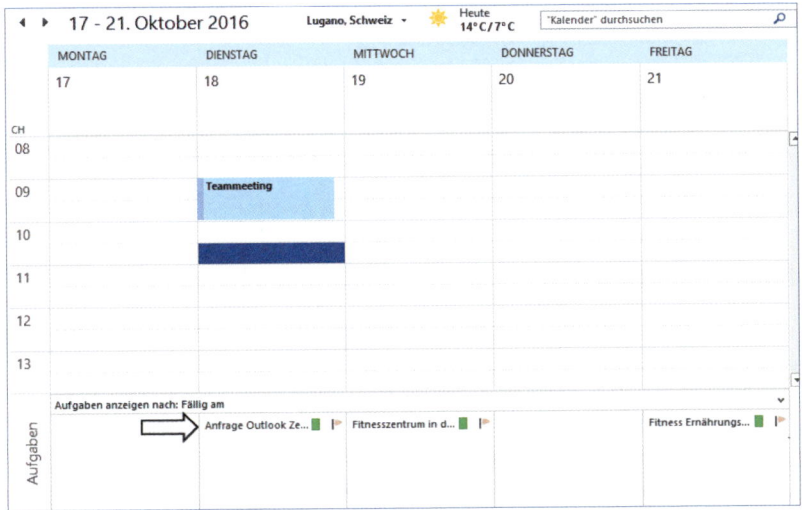

Aufgabe in der Aufgabenleiste.

2 Doppelklicken Sie auf die Aufgabe, um diese zu bearbeiten.

3 In den *Details* sehen Sie, was zu tun ist. Sie müssen nicht mehr überlegen. Sie haben sich bereits auf die Aufgabe vorbereitet.

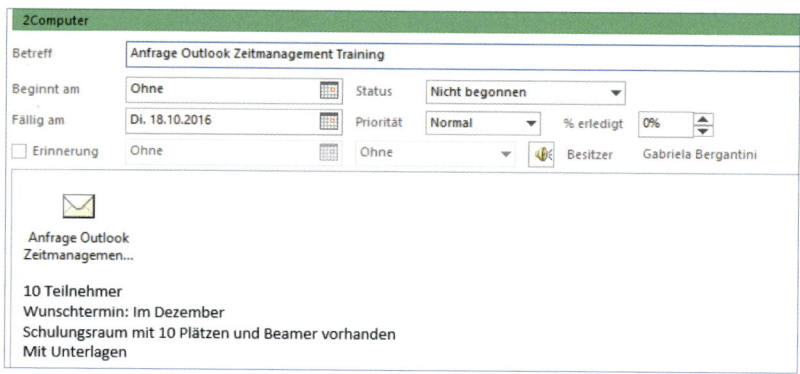

Aufgabe bearbeiten und erledigen.

4 Doppelklicken Sie auf die Mail, und schon können Sie loslegen und die Antwort formulieren.

Mails als Termin

Wenn Sie bereits wissen, wann Sie die Aufgabe erledigen können, dann wandeln Sie die Mail direkt in einen Termin um.

1 Ziehen Sie die Nachricht mit der rechten Maustaste auf den Kalender.

2 Aus dem Kontextmenü wählen Sie *Hierher verschieben als Termin mit Anlage.*

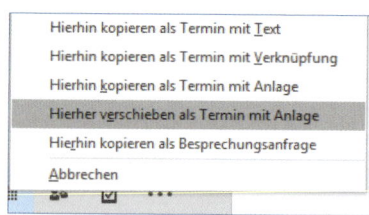

Mail in Termin umwandeln.

3 Definieren Sie *Datum* und *Zeit*, wann Sie an der Aufgabe arbeiten möchten.

4 Machen Sie sich *Notizen* zur Erledigung.

Mit dieser Technik benötigen Sie im Schnitt eine Minute pro Mail. Planen Sie diese Zeit in Ihrer Agenda ein. Statistiken zeigen, dass man im Durchschnitt 50 % der Mails gleich löschen kann, und 30 % lassen sich im Allgemeinen in weniger als zwei Minuten bearbeiten.

Mit ein wenig Übung lassen sich mit dieser Technik 60 Mails pro Stunde verarbeiten.

Ordner Systemwechsel

Falls sich in Ihrer Mailbox so viele Mails befinden, dass Sie den Wald vor lauter Bäumen nicht mehr sehen, empfehle ich Ihnen, einen Ordner mit dem Namen *Systemwechsel* anzulegen. Behalten Sie die Mails von heute und gestern im Posteingang, und bearbeiten Sie diese wie besprochen.

Alle anderen Mails verschieben Sie in diesen Ordner und bearbeiten sie mit zweiter Priorität. Wahrscheinlich werden Sie die Mails in diesem Ordner nie mehr anschauen, weil Sie sie ohnehin nicht mehr benötigen.

Mails mit Nachverfolgung

Eine weitere Möglichkeit, Mails in Aufgaben umzuwandeln, bietet die Funktion *Nachverfolgung*. Mit dem Fähnchensymbol im Posteingang können Sie auf diese Funktion zugreifen.

Klicken Sie auf einer Nachricht im Posteingang mit der rechten Maustaste das rote Fähnchen an, und wählen Sie als *Fälligkeitsdatum* zum Beispiel *Morgen*.

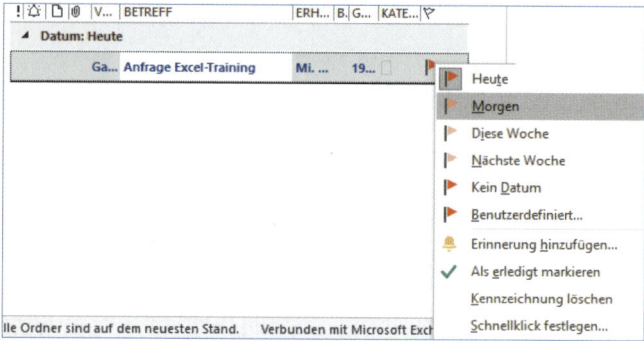

Mails nachverfolgen.

Diese Aktion hat zum Ergebnis, dass die Mail zusätzlich in den Aufgaben erscheint.

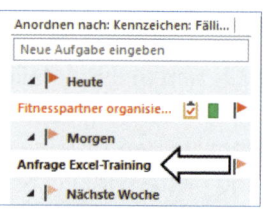

Nachverfolgte E-Mail.

Ich rate Ihnen jedoch von diesem Vorgehen ab. Der Grund ist, dass die Mail mit dieser Technik im Posteingang verbleibt. Dadurch haben Sie wieder das Problem, dass Sie die Mail wahrscheinlich mehrmals lesen. Außerdem können Sie bei dieser Vorgehensweise keine Notizen hinterlegen.

Sie sehen nur, dass Sie etwas erledigen müssen. Dadurch müssen Sie sich nochmals auf die Aufgabe vorbereiten, was wieder ein Zeitverlust ist.

Hinzu kommt folgendes Problem: Wenn Sie diese Aufgabe löschen, wird die Mail ebenfalls gelöscht.

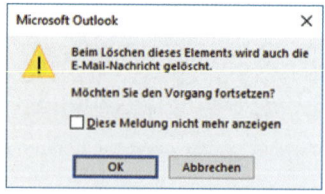

Die Mail wird beim Löschen der Aufgabe ebenfalls entsorgt.

Ich hatte schon ein paar Mal die Situation, dass Kunden wegen dieser Funktion ein Riesendurcheinander in ihrer Mailbox angerichtet haben. Sie wussten nicht, wie sie diese Funktion wieder loswerden, da sie von der Warnmeldung verunsichert wurden. Ich empfehle Ihnen, die Mails mit der im Buch beschriebenen Technik in Aufgaben umzuwandeln.

Mails auf dem Handy

Falls Sie Ihre Mails auch unterwegs auf Ihrem Handy oder Tablet bearbeiten, empfehle ich Ihnen, Ihre Synchronisationssoftware auf *Pull*, nicht *Push* einzustellen.

Das heißt, die Mails werden nicht sofort auf Ihr Handy übertragen, sobald sie eintreffen, sondern erst, wenn Sie Ihr Mailprogramm starten. Dadurch können Sie entscheiden, wann Sie sich um Ihre Mails kümmern möchten.

Zusätzlich generieren Sie ein geringeres Datenvolumen und können so vielleicht einen günstigeren Telefontarif wählen. Viele Leute geben viel zu viel Geld für das Telefonieren aus.

E-Mail-Knigge

Viele Anwender stöhnen über die Menge an Mails, die sie täglich erhalten. Die Informationsflut ist fast nicht mehr zu bewältigen. Darum beginnen Sie bei sich selbst, um die wachsende E-Mail-Flut zu bekämpfen. Beachten Sie folgende Punkte, bevor Sie auf *Senden* klicken:

- Wenn Sie eine Mail schreiben, drücken Sie sich immer klar aus, um Rückfragen zu vermeiden. Bei komplizierten Sachverhalten ist es allenfalls effizienter, ein Meeting abzuhalten. Vermeiden Sie vor allem Ping-Pong-Mails (auf eine Mail kommt eine Frage, die Sie beantworten. Folgt dann nochmals eine Frage, dann handelt es sich um eine Ping-

Pong-Mail). In diesem Fall ist das Thema für den Mailverkehr zu komplex. Greifen Sie besser zum Telefon, oder organisieren Sie ein Meeting.

- Falls jemand für Sie ein Dokument erstellen muss, legen Sie ein Beispieldokument bei, wie Sie sich das ungefähr vorstellen.

- Definieren Sie das genaue Ergebnis, damit der Empfänger weiß, was Sie von ihm erwarten.

- Schreiben Sie das Wichtigste zuerst.

- Behandeln Sie nur ein Thema pro Mail. Haben Sie auch schon die Erfahrung gemacht, dass Sie sehr oft nur eine Antwort auf die erste Frage erhalten? Weitere Fragen in der Nachricht werden meistens ignoriert.

- Nutzen Sie die Rechtschreibprüfung. Es gelten die gleichen Regeln wie bei einem Geschäftsbrief. Eine Mail darf aber ein bisschen informeller sein.

- Schreiben Sie geschäftlich keine Mails in Mundart.

- Eine Mail sollte maximal eine Bildschirmseite lang sein.

- Definieren Sie einen sinnvollen Betreff (mehr dazu später).

- Seien Sie vorsichtig mit der Cc-Zeile. Fragen Sie sich jedes Mal: Muss diese Person das wirklich wissen? Sehr oft werden Cc-Mails nicht sofort gelesen. Cc-Mails werden oft verwendet, um sich abzusichern.

- Vermeiden Sie die Schaltfläche *Allen antworten*. Sie kann eine enorme – meist unerwünschte – E-Mail-Flut auslösen.

- Definieren Sie eine Deadline. Aber nur, wenn Sie die Deadline auch forcieren.

- Drücken Sie keine Gefühle in einer Mail aus, und vermeiden Sie sarkastische Bemerkungen. Da Sie der Empfänger nicht sehen kann, werden diese sehr oft falsch verstanden.

- Denken Sie immer daran, dass die Mail ohne Ihr Wissen an andere Personen weitergeleitet werden kann. Gerade wenn Sie sich über Ihren Arbeitgeber oder einen besonders mühsamen Kunden ärgern, lassen

Sie Ihre Wut allenfalls mündlich bei einer Vertrauensperson raus, aber niemals schriftlich.

- Versuchen Sie, persönliche Differenzen nicht per Mail zu lösen, sie werden dann meistens schlimmer. Arrangieren Sie besser eine direkte Aussprache.

- Wer viele Mails schreibt, erhält auch viele.

E-Mails formatieren

E-Mails richtig zu formatieren hilft, damit Ihre Meldungen verstanden werden. Es gelten mehrheitlich die gleichen Regeln, als wenn Sie einen Brief schreiben.

Eine Mail braucht aber nicht super schön gestylt zu sein. Meiner Meinung nach soll eine Mail schnell, nicht schön sein. Wenn sie schön sein muss, dann erstellen Sie besser eine Word-Datei oder ein PDF.

Beachten Sie aber trotzdem diese Punkte:

- Unterteilen Sie die Mails in Paragrafen. Ein Paragraf hat maximal fünf bis sechs Zeilen.

- Nutzen Sie maximal einen Bildschirm für die Mail. Für ausführliche Informationen eignen sich Word oder eine PDF-Datei. Viele Leute drucken ihre Mails aus. Bei langen Texten geht das besser in einer Datei.

- Die Schriftgröße sollte zwischen 10 und 12 pt liegen. Nicht kleiner und nicht größer.

- Wie bereits erwähnt, sollten Sie mit den Formatierungen zurückhaltend sein. **Fett** und <u>Unterstrichen</u> sind aber in Ordnung, wenn Sie es nicht übertreiben.

- Einfache Aufzählungen helfen, die Informationen übersichtlich zu gestalten.

- Achten Sie auf eine korrekte Rechtschreibung (mit Groß- und Klein- schreibung). Mit der Taste (F7) lässt sich ganz einfach die Rechtschreib- prüfung starten.

- Bevor Sie die Nachricht versenden, lesen Sie sie nochmals durch. »Keep it simple« ist die Devise. Auch auf komplexe Aufstellungen würde ich verzichten. Meist lohnt sich die Arbeit nicht. Haben Sie sich auch schon gewundert, dass, wenn Sie eine Antwort auf eine Ihrer Mails erhalten haben, die Nachricht total verrissen wurde? Dagegen lässt sich leider nicht viel machen.

Text gestalten mit Tabellen

Was Sie sehr gut verwenden können, sind Tabellen. Die funktionieren problemlos. Die meisten meiner Angebote gestalte ich mit einer Out- look-Tabelle.

1 Um eine Tabelle einzufügen, verzweigen Sie in das Register *Einfügen* und klicken auf das Tabellensymbol.

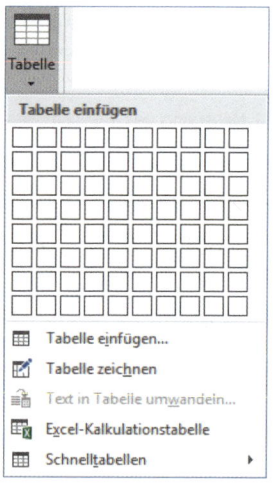

Tabelle einfügen.

2 Markieren Sie die Anzahl der Zeilen und Spalten, die Sie benötigen.

Haben Sie schon die tollen Tabellenformate entdeckt? Sie finden diese unter *Tabellentools/Entwurf*.

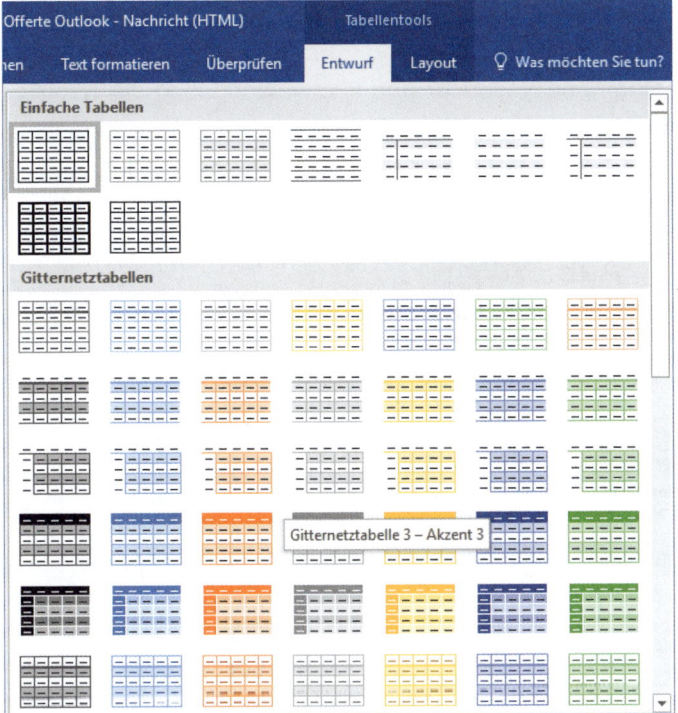

Tabelle formatieren.

Tabellen in allen Office-Tools

Diese praktischen Tabellenformate stehen Ihnen auch in Word, Excel und PowerPoint zur Verfügung.

Standardschrift ändern

Wie in Word existieren auch in Outlook 2016 Formatvorlagen. Mit diesen können Sie Ihre Lieblingsformatierungen, zum Beispiel die Schriftart, einstellen.

1 Öffnen Sie eine neue Nachricht und verzweigen Sie in das Register *Text formatieren*.

2 Klicken Sie auf *Formatvorlagen ändern/Schriftarten*, und wählen Sie Ihre Wunschschrift aus.

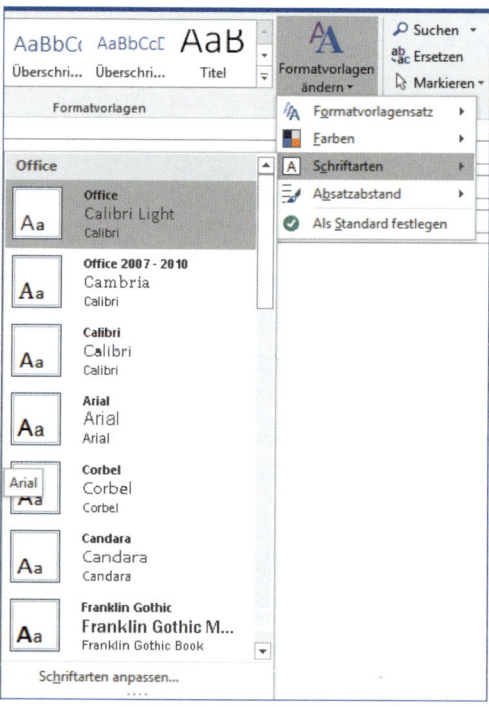

Schriftart standardmäßig ändern.

3 Öffnen Sie nochmals den Bereich *Formatvorlagen ändern* und wählen Sie *Als Standard festlegen.*

Formate als Standard festlegen.

In allen Outlook-Notizbereichen wird nun diese Schrift verwendet.

Sinnvolle Betreffzeilen definieren

Ein guter Betreff erleichtert die Arbeit und hilft, effizient zu arbeiten.

Grundsätzlich verursacht eine Mail vier Tätigkeiten:

Aktion: Der Empfänger muss etwas unternehmen, zum Beispiel einen neuen PC bestellen, ein Meeting organisieren, ein Angebot schreiben, ein Dokument überarbeiten etc.

Antworten: Der Adressat muss nur eine Antwort zurückschreiben: die Teilnahme an einem Meeting bestätigen, eine Information zukommen lassen etc.

Lesen: Der Empfänger muss sich ein Dokument, etwa als Vorbereitung auf ein Meeting oder eine Präsentation, durchlesen.

Informieren: Diese Information benötigen Sie für einen späteren Zeitpunkt. Sie muss im Ablagesystem abgelegt werden.

Es kann helfen, wenn Sie die Betreffzeile erst am Schluss definieren. Die Betreffzeile soll die Mail zusammenfassen.

Teilen Sie in der Betreffzeile auch gleich mit, was Sie vom Adressaten erwarten. Man könnte die Handlung (Aktion, Antworten, Lesen, Informieren) gleich in die Betreffzeile integrieren.

Beispiele von Betreffzeilen:

Aktion: Notebook Typ x bestellen.

Lesen: Dokument als Vorbereitung zum Meeting am nächsten Donnerstag.

Diese Abkürzungen funktionieren nur teamintern und müssen kommuniziert werden.

Praktisch fand ich auch noch den Tipp von Sally McGhee (Autorin des Buches »Take Back Your Life!«), eine ganze Meldung in der Betreffzeile abzuhandeln:

Info: Wir treffen uns um 10:00 Uhr direkt beim Kunden Ende.

Mail immer mit Betreff

Es ist heutzutage absolut inakzeptabel, Mails ohne Betreff zu versenden. Sagen Sie das dem Absender, wenn Sie noch solche Mails erhalten. Ich habe Kunden, die Mails ohne Betreff gleich löschen.

Betreffzeilen von eingegangenen Mails ändern

Haben Sie gewusst, dass Sie den Betreff einer empfangenen Mail ändern können? Das lohnt sich, wenn die Betreffzeile nicht optimal definiert wurde oder Schreibfehler enthält.

1 Öffnen Sie die empfangene Nachricht und klicken Sie in die Betreffzeile.

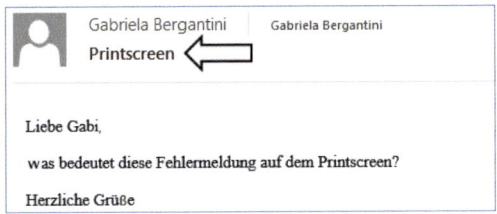

Betreffzeile einer empfangenen Mail ändern.

2 Korrigieren oder ergänzen Sie den Betreff.

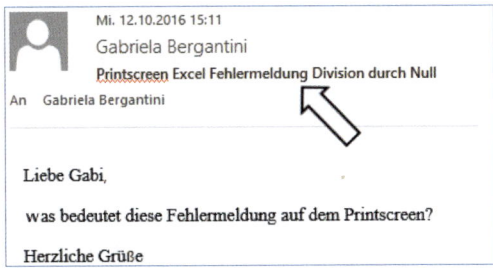

Geänderte Betreffzeile.

3 Beim Schließen werden Sie gefragt, ob Sie die Änderungen speichern möchten. Sie wollen.

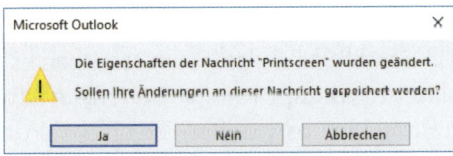

Meldung beim Verlassen der E-Mail.

9. So halten Sie Ihre Mailbox schlank

Wenn man nur schon weniger Mails erhalten bzw. versenden würde, wäre einem schon viel geholfen. Beginnen Sie bei sich selbst. Das nächste Mal, bevor Sie eine Mail schreiben, fragen Sie sich, ob das wirklich nötig ist. Oder schauen Sie sich auch die erhaltenen Mails an. Gibt es eine Möglichkeit, an diese Information anderweitig heranzukommen?

- Bestellen Sie unnötige Newsletter ab. Bei Bedarf können Sie jederzeit die benötigten Informationen im Internet recherchieren.

- Platzieren Sie Informationen auf einer Website, zum Beispiel mit Share-Point. Firmen-, Projekt- oder Abteilungsinformationen sollten heutzutage nicht mehr per Mail kommuniziert werden. Mehr Informationen zu SharePoint finden Sie in meinem Buch »Ganz einfach SharePoint 2013«.

- Überlegen Sie sich, ob eine Antwort auf eine Mail wirklich nötig ist. Antworten Sie nicht jedes Mal, wenn etwas in Ordnung geht.

- Nehmen Sie nur noch an für Sie relevanten Meetings teil. Studien haben gezeigt, dass Meetings eine Flut von Mails auslösen. Der Grund ist, dass die Angestellten die Verantwortung für eine Entscheidung verteilen möchten, weil sie durch die Informationsflut überfordert sind. Die meisten Leute haben Angst, eine Entscheidung zu treffen.

- Fordern Sie nicht generell eine Lesebestätigung an. Erstens verursacht das wieder unnötigen E-Mail-Verkehr, und zusätzlich schätzen es die meisten Leute nicht, kontrolliert zu werden. Falls Sie Bedenken haben, dass eine Mail nicht angekommen ist, verwenden Sie eher die Übermittlungsbestätigung in den Mailoptionen.

Aufräumen-Funktion

Sind die Mails mal da, leistet die Aufräumen-Funktion wertvolle Dienste. Diese Funktion entfernt redundante, also doppelt vorhandene, Informationen. Dies ist sehr praktisch bei Ping-Pong-Mails.

Ping-Pong-Mails sind Mails, bei denen eine Frage zurückkommt. Sie antworten, und dann kommt wieder eine Frage. In diesem Fall ist es sowieso besser, das persönliche Gespräch zu suchen. Die Thematik ist dann zu komplex, um diese mit Mails zu erledigen.

Ein weiterer Fall: Sie bekommen eine Mail und antworten darauf. Sie lassen die Aufräumen-Funktion laufen, und die Originalmail wird gelöscht. Outlook behält nur Ihre Antwort, weil diese ja alle Informationen beinhaltet – es sei denn, die Originalmail enthält einen Anhang. Dann wird die Originalmail nicht gelöscht.

1   Die Aufräumen-Funktion finden Sie im *Start*-Register.

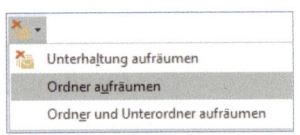

2   Entscheiden Sie, ob Sie nur diese Unterhaltung oder den ganzen Ordner aufräumen möchten. Ich räume meistens den Ordner auf.

Aufräumen-Funktion starten.

3   Die folgende Meldung bestätigen Sie mit *Ordner aufräumen*.

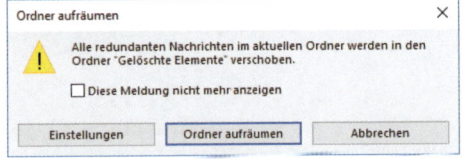

Meldung beim Aufräumen.

Die Cc-Mail-Plage

Manchmal hilfreich, manchmal lästig und zeitraubend sind Cc-Mails. Wenn Sie E-Mail-Empfänger auf Cc setzen, müssen Sie damit rechnen, dass Ihre Mails von den Cc-Empfängern gar nicht oder erst zu einem späteren Zeitpunkt gelesen werden, da Cc-Mails mithilfe einer Regel unmittelbar nach dem Eintreffen aus dem Posteingang entfernt werden können (siehe dazu auch Seite 111).

Dient eine Cc-Mail dazu, Sie über einen Vorgang oder eine Arbeit, mit der Sie von Anfang vertraut sind, in Kenntnis zu setzen bzw. Sie auf dem Laufenden zu halten, ist das kein großer Zeitaufwand: nur ein kurzer Blick auf die Mail, Inhalt schnell registriert und dann ab damit in den Papierkorb oder in die Ablage. Das frisst nicht viel Zeit und Sie sind über den Sachverhalt im Bilde.

Lästig wird es allerdings, wenn Sie etwa als Vorgesetzter immer auf Cc gesetzt werden, aber mit dem Vorgang gar nicht vertraut sind. Wenn dann noch alle anderen Adressaten Sie in den Antwortmails wiederum auf Cc setzen, werden Sie zum einen von einer wahren Mailflut erwischt, und zum anderen ergibt sich für Sie ein größerer Arbeitsaufwand, da die Mails immer länger werden und Sie unter Umständen eine ganze Unterhaltung lesen müssen, um zu einer sinnvollen Info zu kommen.

Daher legen Sie am besten genau fest, wie, worüber und in welchem Umfang Sie informiert werden möchten.

10. So mailen Sie sicher

Leider haben nicht alle Menschen gute Absichten – viele versuchen, Ihnen Schaden zuzufügen, etwa mit Fake-President-Attacken. Mitarbeiter der Buchhaltung bekommen eine Mail, die vermeintlich von ihrem Chef stammt. Darin werden sie aufgefordert, sofort Geld auf ein Konto zu überweisen, das dringend für ein Geschäft benötigt wird.

Die Betrüger haben das E-Mail-Konto des Chefs gehackt und dadurch auch Zugang zu seinem Kalender erhalten. Sie warten, bis der Chef auf Reisen ist, sodass keine Rückfragen möglich sind. Betroffene Firmen schweigen – zu groß ist die Angst der Übertölpelten vor einem Imageschaden.

Die absolute Sicherheit gibt es nicht. Aber mit den folgenden Tipps können Sie die meisten Angriffe abwehren:

- Klicken Sie nicht auf Links in der Mail, außer Sie sind absolut sicher, dass der Link ungefährlich ist. Das gilt auch, wenn die Mail von einer Ihnen bekannten Person stammt!

- Installieren Sie auf jeden Fall einen Virenscanner, und halten Sie diesen immer aktuell. Zusätzlich empfehle ich eine Hardware-Firewall.

- Schalten Sie mindestens die Software-Firewall ein, die bei Windows zur Verfügung steht.

- Installieren Sie sofort die Windows-Updates.

- Seien Sie auch bei Ihnen bekannten Absendern misstrauisch.

11. Nachrichten organisieren in Ordnern

Eine gute Ablage ist Gold wert. Von Zeit zu Zeit lohnt es sich, die Struktur zu überdenken und aufzuräumen. Nutzen Sie Ihren Posteingang nicht als Ablage. Studien haben gezeigt, dass Sie Mails, die Sie im Posteingang lassen, zwischen drei- und siebenmal lesen. Das kostet Zeit.

Falls Sie also eine Mail erledigt haben und sie nicht weiter benötigen, löschen Sie sie. Wenn Sie die Nachricht zu einem späteren Zeitpunkt wieder benötigen, dann versorgen Sie die Mail in der Ablage.

Erstellen Sie aus der Meldung eine Aufgabe, falls Sie etwas in diesem Zusammenhang erledigen müssen, jetzt aber keine Zeit haben. Wie man das macht, erfahren Sie in Kapitel 8 im Abschnitt »E-Mails in Aufgaben umwandeln«.

Eine Ablage ist etwas sehr Persönliches, die organisiert jeder anders. Hier drei Tipps, die Ihnen beim Erstellen der Ordner helfen:

1. Keep it simple

Die Zeit der mehrstufigen Unterordner ist abgelaufen. Ich empfehle, nur noch mit einer bis maximal zwei Hierarchiestufen zu arbeiten. Die Suchfunktion ist in Outlook 2016 um einiges besser. Mit den praktischen Suchordnern lassen sich effizient Informationen wieder aufspüren und die Unterordner dynamisch abbilden.

2. Richten Sie überall die genau gleichen Ordner ein

Das heißt, in Outlook haben Sie genau die gleiche Struktur wie unter *Eigene Dateien* bzw. *Eigene Dokumente*. Ideal wäre es auch, wenn Ihre Hängeregistratur oder physikalischen Ordner die gleiche Struktur aufweisen würden.

3. Nutzen Sie den Posteingang nicht als Ablage

Der Posteingang soll idealerweise nur als Sammelstelle genutzt werden. Wie bereits erwähnt, besteht sonst die Gefahr, dass Sie die Mails mehrfach lesen. Mails, die Sie behalten wollen, gehören in die Ablage.

Übrigens: Microsoft empfiehlt die Verwendung von nur drei Ordnern

Ordner 1: Ablage

Ordner 2: Nachfassen

Ordner 3: Privat

Auf der Microsoft-Seite gibt es ein interessantes Video mit dem Namen *How Harry got organizied*, das diese Arbeitstechnik erklärt: http://office.microsoft.com/en-us/outlook-help/outlook-best-practices-how-harry-got-organized-RZ102724842.aspx. Leider scheint es dieses Video nur auf Englisch zu geben.

Mit der Suchfunktion und dem Suchordner spüren Sie anschließend die gewünschten Mails auf. Auf die Suche wird immer mehr Wert gelegt. Ich muss gestehen, nur drei Ordner reichen mir auch nicht.

Ich versuche aber laufend, die Anzahl der Ordner zu reduzieren oder wenigstens keine neuen mehr zu erstellen. Sicher ist, dass wir meistens zu viele Ordner haben.

Bei nächster Gelegenheit nehmen Sie sich Zeit, und überdenken Sie Ihre Ordnerstruktur. Sicher können Sie auf ein paar Ordner verzichten. Und denken Sie daran, dass wir zu den Jägern und Sammlern gehören. Wir behalten viel zu viel. Wenn ich bei meinen Kunden die Ordnerstruktur analysiere, stelle ich sehr oft fest, dass in einem Ordner nur zwei bis drei Dateien liegen.

Es scheint ein weiterer Urinstinkt zu sein, Informationen in Schubladen einzuordnen. Dies verfolgt uns auch im sonstigen Leben. Wenn ich mich in einer Küche umschaue, dann sind die Gewürze gemeinsam in einer Schublade oder auf einem Gestell. Die Gabeln sind bei den Gabeln und die Messer bei den Messern. Es käme uns nie in den Sinn, die Esswerkzeuge zu mischen.

Die meisten Leute erstellen Ordner basierend auf den Informationen, die sie erhalten. Man bekommt ein neues Dokument, und sehr oft wird einfach ein neuer Ordner angelegt, um es zu speichern. Machen Sie es andersrum.

Erzeugen Sie zuerst die Ordner. Dadurch werden Ihre Informationen bereits das erste Mal gefiltert. Wenn sie in keinen Ordner passt, interessiert mich diese Information dann wirklich?

Neue Technologien eröffnen neue Möglichkeiten. SharePoint eignet sich hervorragend zum Speichern von Daten, die vom Team oder der Abteilung benötigt werden.

Dadurch lassen sich weitere Mails einsparen. Neuerdings können Sie sogar Postfächer pro Website anlegen. Nähere Informationen dazu finden Sie in meinem Buch»Ganz einfach SharePoint 2013«.

Hier noch für die Sammler, die sich schwertun, E-Mails zu löschen. Diese Fragen helfen Ihnen zu entscheiden, was Sie löschen können und was Sie besser behalten:

- Bezieht sich diese E-Mail auf eines meiner Ziele?

- Kann ich diese Information noch irgendwo anders finden (Internet, Intranet …)?

- Werde ich diese Information in den nächsten drei Monaten benötigen?

- Gibt es einen rechtlichen Grund, aus dem ich diese Informationen behalten muss?

Ordner anlegen

Wahrscheinlich wissen Sie schon, wie man einen Ordner anlegt. Aber der Vollständigkeit halber beschreibe ich diesen Vorgang hier noch einmal.

1 Klicken Sie mit der rechten Maustaste auf den Ordner *Posteingang* und wählen Sie den Eintrag *Neuer Ordner*.

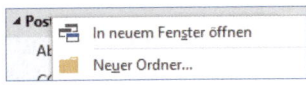

Neuen Ordner anlegen.

2 Geben Sie dem Ordner einen Namen und bestätigen Sie die Eingabe durch Drücken der ⏎-Taste.

3 Sie können die Ordner in einer beliebigen Struktur anordnen. Sie werden nicht mehr automatisch alphabetisch sortiert. Ziehen Sie den Ordner einfach an die gewünschte Stelle.

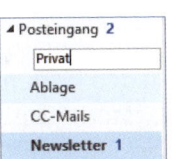

Ordnernamen definieren.

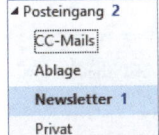

Beliebige Anordnung der Ordner.

Ordner löschen

Auch das Löschen von Ordnern funktioniert am einfachsten mit der rechten Maustaste.

Nachrichten suchen

Suchfunktionen richtig zu nutzen, wird immer wichtiger. Die Flut an Informationen wird noch weiter zunehmen. In den letzten 30 Jahren sind mehr Informationen entstanden, als in den gesamten 5.000 Jahren davor. Auch im Internet sind Sie verloren, wenn Sie nicht wissen, wie man sucht.

Ordner löschen.

Man kann geradezu von einer »Informationsexplosion« sprechen: Bücher, Magazine, Zeitungen, Blogs, Podcasts, Radiosender aus aller Welt, die Sie auf Ihrem Rechner via Internet hören können, riesige Mengen an Bildmaterial, die ins Internet und die sozialen Medien hochgeladen werden.

Experten sagen, dass pro Sekunde mehr Content ins Internet geladen wird, als ein einzelner Mensch in einem ganzen Jahr zur Kenntnis nehmen kann. Bei dieser Informations- und Mailflut kommt dem Filtern und Sortieren eine immer größere Bedeutung zu.

In den letzten Versionen von Outlook wurde die Suchfunktion stark verbessert. Sie ist schneller und findet die Informationen, die Sie benötigen, besser.

Im **Suchfeld** tippen Sie die Suchbegriffe oder einen Teil davon ein. Natürlich können Sie auch mehrere Begriffe eingeben.

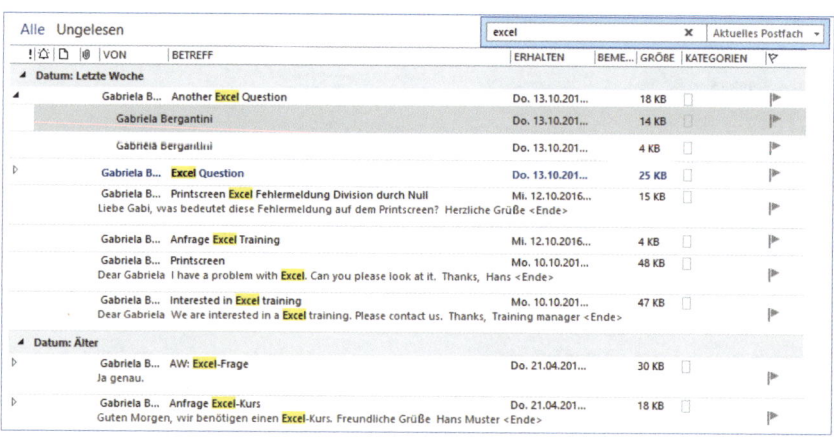

Informationen mit dem Suchfeld suchen.

Die gefundenen Begriffe werden farblich hinterlegt dargestellt. Zusätzlich erhalten Sie ein weiteres Register *Suchen*.

Mit der Suchleiste können Sie genauer definieren, was gefunden werden soll. Zum Beispiel: Sollen alle Unterordner abgesucht werden oder nur der aktuelle? Steht der zu suchende Begriff im Betreff? Hat die Mail eine Anlage? In welchem Zeitraum soll Outlook die Mails anzeigen? Nur die von dieser Woche?

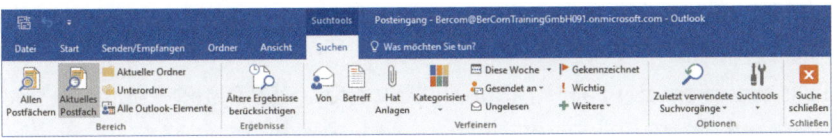

Suchleiste.

Sie können die Mails suchen, die zum Beispiel *Diese Woche* eingetroffen sind.

Suche über alle Postfächer

Standardmäßig sucht Outlook das gesamte Postfach auf dem Server ab. Falls Sie mit PST-Dateien arbeiten, können Sie diese problemlos in die Suche miteinbeziehen.

In welchem Zeitraum soll Outlook suchen?

Mit PST-Dateien können Sie Mails auf anderen Laufwerken speichern, um den Exchange Server zu entlasten.

Geben Sie den Suchbegriff ein. Zusätzlich öffnen Sie das Drop-down-Feld und wählen *Alle Postfächer*.

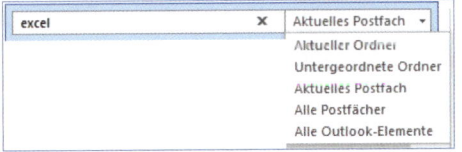

Suche über alle Postfächer.

PST-Dateien anlegen

In PST-Dateien werden Ihre Outlook-Daten gespeichert.

Die meisten Firmen und Provider beschränken die Datenmenge auf dem Exchange Server.

Idealerweise verfügt Ihre Firma über ein Archivierungstool, sodass Sie nicht ständig Mails löschen müssen.

Falls dies nicht der Fall ist, können Sie weitere PST-Dateien anlegen und diese auf einem beliebigen Netzlaufwerk speichern.

1 Im Menü *Start* öffnen Sie *Neue Elemente* und wählen dann *Weitere Elemente/Outlook-Datendatei.*

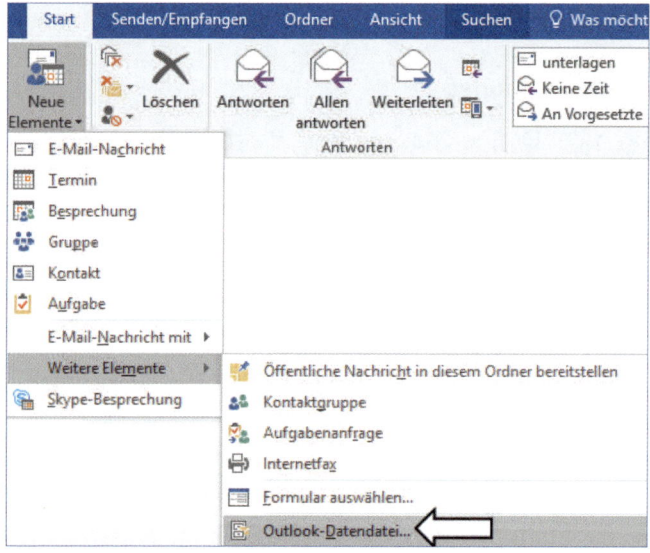

PST-Datei anlegen.

2 Anschließend definieren Sie einen **Speicherort** und geben der PST-Datei einen Namen, zum Beispiel *Archiv.*

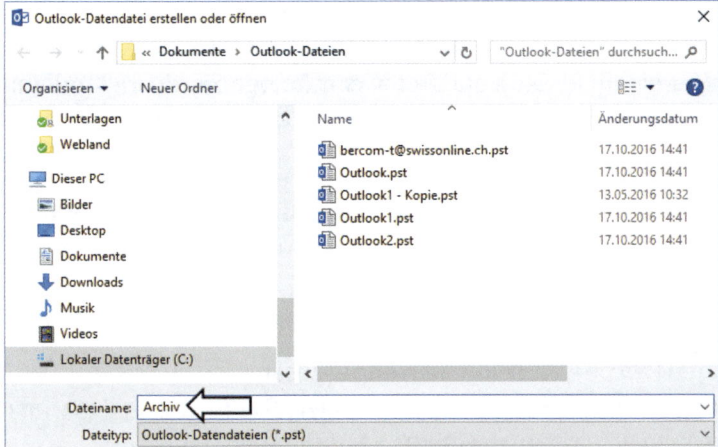

Speicherort und -name der PST-Datei.

3 Diesen Ordner finden Sie anschließend in der Navigation. Per Drag-and-drop können Sie Nachrichten vom Server auf das Netzlaufwerk verschieben.

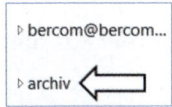

Archiv-PST.

Achtung

Fragen Sie Ihre IT-Abteilung, ob PST-Dateien erlaubt sind. Vielleicht existiert ein Archivierungstool, das Sie noch nicht kennen.

Die Outlook-Suchordner

Wenn Sie meine Ratschläge befolgen und die Anzahl der Ordner reduzieren, dann sind Suchordner unerlässlich. Mit Suchordnern können Sie Suchbegriffe, die Sie immer wieder verwenden, abspeichern. Sie helfen Ihnen, die gewünschten Informationen schnell wiederzufinden. Die Suchordner können dadurch die Unterordner ersetzen. Ein weiterer Vorteil von Suchordnern ist, dass Sie Mails unter verschiedenen Gesichtspunkten anzeigen lassen können. Sie hatten sicher auch schon die Situation, dass Sie eine Mail eigentlich in zwei Ordnern ablegen wollten: Einerseits gehört die Mail zu einem Projekt, andererseits möchten Sie sie im Kundenordner platzieren. Mit Suchordnern können Sie beides, und trotzdem ist die Mail nur einmal gespeichert.

Im Folgenden stelle ich Ihnen meine Lieblingssuchordner vor. Es gibt aber noch viele andere.

Nachrichten von oder an bestimmte Personen

Mit einigen Personen arbeitet man enger zusammen als mit anderen. Für diese könnten Sie einen Suchordner anlegen. Die Korrespondenz mit diesen Personen wird dann an einem Ort gesammelt.

1 Klicken Sie mit der rechten Maustaste auf *Suchordner* und wählen Sie *Neuer Suchordner* aus dem Kontextmenü.

Einen neuen Suchordner anlegen.

2 Die verschiedenen Suchordner werden angezeigt. Wählen Sie den Eintrag *Nachrichten von oder an bestimmte Personen*.

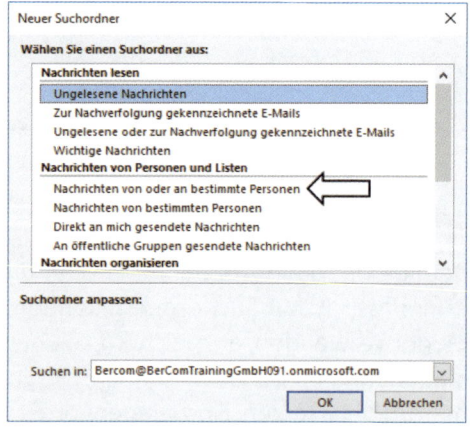

Suchordner auswählen.

3 Mit *Auswählen* etwas weiter unten im Dialogfenster können Sie die gewünschte Person festlegen.

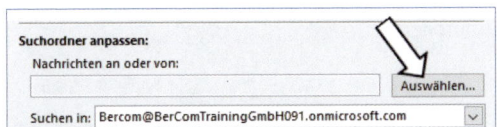

Person auswählen.

Sie können Person(en) aus den Kontakten oder aus dem globalen Adressbuch auswählen.

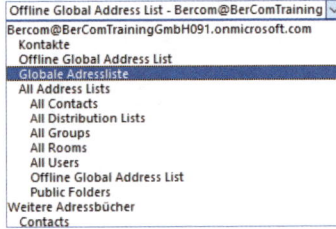

Adressbuch auswählen.

Es ist auch möglich, einfach den Namen in das Feld einzutippen.

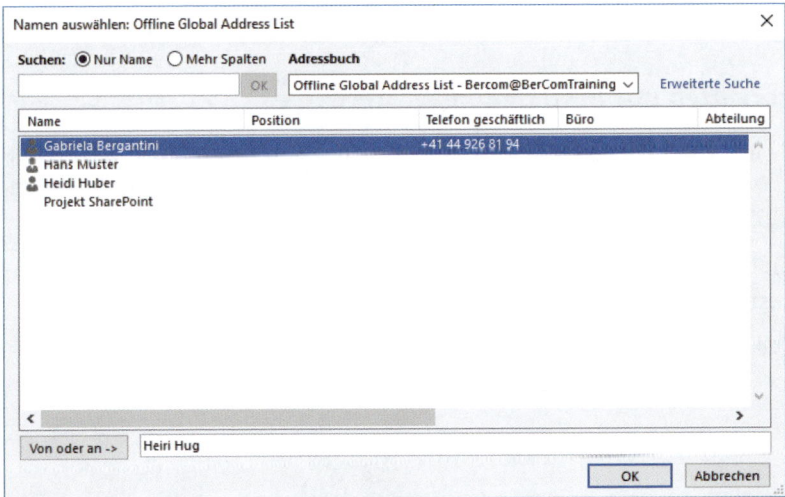

Namen für den Suchordner einfach eintippen.

Sämtliche Mails dieser Person, egal, in welchem Ordner sich diese befinden, werden angezeigt. Neue Mails werden sofort im Suchordner aufgelistet.

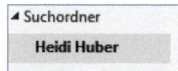
Erstellter Suchordner.

Die gefundenen Elemente werden angezeigt. Der Suchordner durchsucht das ganze Postfach.

Gefundene Elemente.

Nachrichten mit bestimmten Wörtern

Falls Sie immer wieder nach einem speziellen Stichwort suchen, zum Beispiel nach einem Projektnamen, können Sie dieses mit einem Suchordner aufspüren.

1   Erstellen Sie nochmals einen neuen Suchordner mit der rechten Maustaste.

2   Dieses Mal wählen Sie den Eintrag *Nachrichten mit bestimmten Wörtern.*

3 Mit *Auswählen* geben Sie den bzw. die Suchbegriff(e) ein.

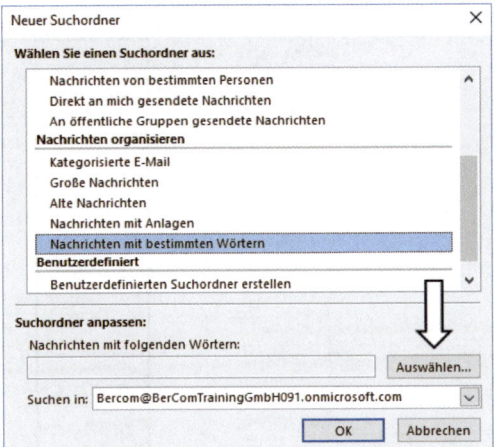

Suchwörter definieren.

4 Mit *Hinzufügen* ergänzen Sie die Suchliste.

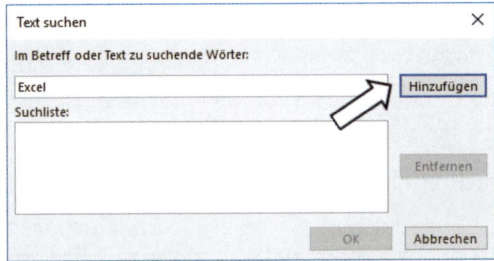

Mit Hinzufügen können Stichworte ergänzt werden.

Beachten Sie, dass Suchordner sogenannte virtuelle Ordner sind, das heißt, was Sie hier sehen, ist nicht wirklich hier.

In der Spalte *In Ordner* sehen Sie, wo sich die Mail tatsächlich befindet.

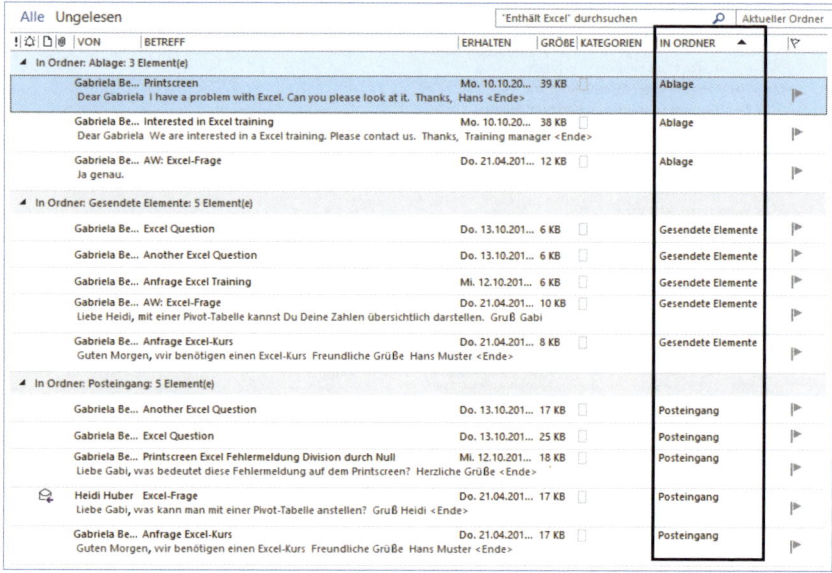

Hier hat Outlook die Nachrichten gefunden.

> **Achtung**
>
> Wenn Sie in einem Suchordner eine Mail löschen, dann wird sie am Ursprungsort gelöscht.

Es ist einem meiner Kunden tatsächlich passiert, dass er seine Mails versehentlich gelöscht hatte.

Auch den Papierkorb hatte er bereits gelöscht, als er mich anrief. Aber ich hatte noch ein Ass im Ärmel: die Funktion *Gelöschte Elemente wiederherstellen*. Damit können Sie normalerweise Ihre Mails sieben Tage lang wieder zurückholen.

1 Klicken Sie auf *Gelöschte Elemente*.

2 Im Startmenü finden Sie den Eintrag *Ge-löschte Elemente vom Server wiederherstellen*.

🗑 Ordner leeren
📄 Gelöschte Elemente wiederherstellen

3 Markieren Sie die Elemente, die Sie wieder-herstellen möchten, und klicken Sie dann auf *OK*.

Gelöschte Elemente wieder-herstellen.

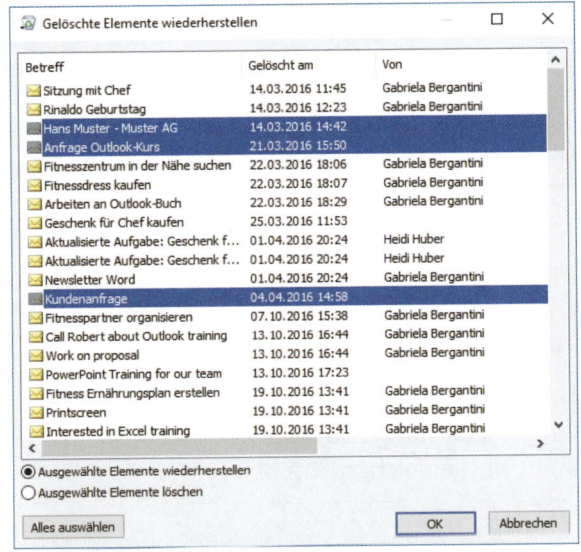

Elemente, die wiederhergestellt werden sollen, markieren.

Tastenkombinationen

Die Elemente habe ich mit der [Strg]-Taste markiert.

Die wiederhergestellten Objekte werden im Ordner *Gelöschte Elemente* abgelegt. Von dort ziehen Sie sie in den gewünschten Zielordner.

Suchordner löschen

Für all meine Projekte erstelle ich normalerweise einen Suchordner. Sobald das Projekt fertig ist, lösche ich den Suchordner, damit ich Platz für das nächste Projekt habe. Die Mails gehen dabei nicht verloren.

1 Um den Suchordner zu löschen, klicken Sie wieder mit der rechten Maustaste direkt auf das zu löschende Objekt.

2 Aus dem Kontextmenü wählen Sie *Ordner löschen*.

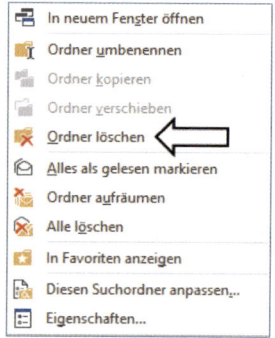

Suchordner löschen.

3 Es folgt eine Meldung, die bestätigt, dass nur der Suchordner entfernt wird. Die Nachrichten werden nicht gelöscht.

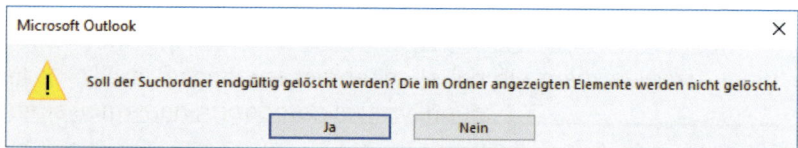

Meldung beim Löschen eines Suchordners.

12. Prioritäten vergeben und Aktivitäten planen

Im Buch »Mit Pep an die Arbeit« von Katharina Dietze habe ich folgende interessante Feststellung zur Vergabe von Prioritäten gelesen:

> »Prioritäten können natürlich ein wichtiger Faktor sein, um seine Arbeit im Griff zu behalten. Andererseits können sie aber auch die beste Ausrede dafür sein, etwas nicht zu tun.«[2]

Beinahe jeder neigt dazu, unangenehme Aufgaben vor sich herzuschieben. Die innere Unruhe, die das verursacht, verschlingt viel mehr Zeit, als man annimmt.

Dr. Linda Sapadin hat in ihrem Buch »It's About Time« folgenden Zusammenhang festgestellt:

> »Das Hinausschieben von Aufgaben schmälert unweigerlich das Selbstbewusstsein, was wiederum mit dem Verlust der optimistischen Grundhaltung, der Selbstzufriedenheit und der kreativen Energie einhergeht. Menschen, die ihre Angelegenheiten permanent auf die lange Bank schieben und nichts dagegen tun, fällt es zunehmend schwerer, ihre persönlichen Ziele zu erreichen oder sogar zu formulieren.«[3]

Gerade Perfektionisten zögern den Beginn einer Arbeit gern allzu lange hinaus. Durch das Workflow-Modell sollten Sie nun nur noch Aufgaben in Outlook haben, die Sie auch wirklich erledigen wollen. Bis jetzt haben Sie die Mails einfach in die Aufgaben geschoben. Im nächsten Schritt werden die wichtigen Aufgaben im Kalender eingeplant.

---

2 Katharina Dietze, Mit Pep an die Arbeit. So organisiere ich mich und meinen Job, Frankfurt/Main 2004, Seite 30.

3 Dr. Linda Sapadin, It's About Time!, New York 1996. Zitiert nach Katharina Dietze, Mit Pep an die Arbeit, Seite 38.

Aufgaben im Kalender festlegen

Kalendertermine sind ein äußerst wirkungsvolles Mittel, Aufgaben auch wirklich zu erledigen. Studien haben gezeigt, dass die Chance, etwas zu erledigen, **um 75 % steigt,** wenn Sie es im Kalender planen.

Die meisten Leute planen mit einer To-do-Liste. Irgendwann wird die Liste abgearbeitet. Diese Arbeitsweise führt meistens zu Frustrationen, weil sich die meisten zu viel vornehmen und daher entweder einen langen Tag vor sich haben oder doch nicht alles erledigen können.

Wenn Sie Ihre wichtigsten Aufgaben in den Kalender eintragen, sehen Sie genau, wie viel Zeit Sie benötigen, um Ihre Ziele zu verwirklichen. Daraus geht hervor, ob noch Zeit für anderes bleibt oder ob Sie weitere Projekte ablehnen müssen. Die meisten Leute haben ein schlechtes Gewissen, wenn sie »Nein« sagen. Das müssen Sie nicht haben. Durch diese Planung können Sie dem Chef genau aufzeigen, wie Sie Ihre Zeit einsetzen. Zusätzlich bereinigen Sie mit diesem Vorgang Ihre Aufgaben.

Drei Gründe, warum Sie Ihre Aktivitäten im Kalender planen sollten:

1. Wie bereits erwähnt, haben Sie eine 75 % größere Chance, Ihre Aufgaben zu erledigen, wenn Sie diese einplanen.

2. Planen Sie Ihren Tag selbst. Sonst macht es jemand anders für Sie.

3. Sie setzen sich so selbst Grenzen. So bekämpfen Sie das Phänomen, dass man immer so viel Zeit für eine Aufgabe aufwendet, wie man zur Verfügung hat (Parkinsonsches Gesetz: Arbeit dehnt sich in genau dem Maß aus, wie Zeit für ihre Erledigung zur Verfügung steht – und nicht in dem Maß, wie komplex sie tatsächlich ist).

Nehmen Sie sich täglich etwa fünf Minuten Zeit, um den nächsten Tag zu planen. Einmal in der Woche (ich mache es jeweils am Freitagnachmittag oder spätestens am Montagmorgen) sollten Sie etwa eine Stunde investieren, um die nächste Woche zu planen. Am besten erstellen Sie einen wiederkehrenden wöchentlichen Termin. Fügen Sie nur eine Aufgabe im Kalender ein, wenn Sie auch wirklich vorhaben, die Angelegenheit zu erledigen. Verplanen Sie maximal 60 % Ihrer Arbeitszeit. So haben Sie immer noch genügend Zeit für Unvorhergesehenes. Die Aufgaben lassen sich mit der Drag-and-drop-Technik im Kalender einfügen.

1 Wechseln Sie in den **Kalender**, und machen Sie die Aufgabe sichtbar, die Sie im Kalender einplanen möchten.

2 Zielen Sie mit der Maus auf das Aufgabensymbol, und ziehen Sie das Element mit der rechten Maustaste in den Kalender.

3 Aus dem Kontextmenü wählen Sie den Eintrag *Hierher verschieben als Termin mit Anlage*.

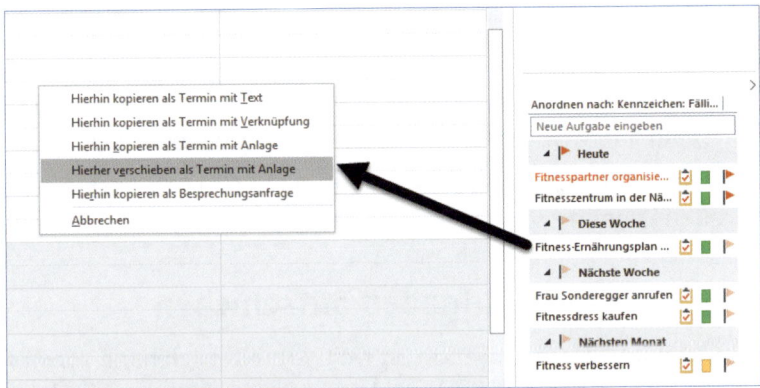

Aufgaben im Kalender einplanen.

4 Falls notig, passen Sie die Dauer an.

2Computer		
Betreff	Fitness-Ernährungsplan erstellen	
Ort		
Beginn	Do. 20.10.2016	13:00 ☐ Ganztägiges Ereignis
Ende	Do. 20.10.2016	14:00
Angefügt	Fitness-Ernährungspla... Outlook-Element	

Aufgabe im Kalender anpassen.

85

Falls doch etwas dazwischenkommt und Sie die Aufgabe nicht erledigen können, schieben Sie sie einfach auf den nächsten Tag oder in die nächste Woche. Im schlimmsten Fall können Sie die Aufgabe auch zurück in die Aufgabenleiste schieben. Das sollte aber die Ausnahme sein.

Ich schlage Ihnen folgendes Vorgehen vor:

Größere Aktivitäten würde ich im Kalender einplanen. Für kleinere Aktivitäten (Erledigung unter 30 Minuten) reicht allenfalls die tägliche Aufgabenleiste.

Gerade nach den Ferien ist es häufig schwierig, wieder in den Sattel zu kommen. Ich empfehle Ihnen folgendes Vorgehen:

1 Lassen Sie den Abwesenheitsassistenten einen halben Tag länger aktiviert.

2 Sortieren Sie Ihre Mails nach Absender (*Von*-Feld). So können Sie sich zuerst auf Ihre wichtigsten Geschäftspartner konzentrieren.

3 Falls möglich, leiten Sie Ihr Telefon um, damit Sie möglichst ungestört arbeiten können.

Warum wir gern Aufgaben aufschieben

Lästige Aufgaben zu verschieben, ist weitverbreitet. Ich habe vor einiger Zeit einen interessanten Artikel von Jochen Mai auf karrierebibel.de gelesen. Er stellt fest, dass es fünf Typen[4] von »Aufschiebern« gibt. Vielleicht erkennen Sie sich wieder? Oder finden Sie sich in einer Mischform wieder?

Der Saubermann

Er hat bis kurz vor knapp eigentlich kein Problem mit dem Chaos auf dem Schreibtisch. Er kann sich gut damit arrangieren und findet das auch ganz gemütlich.

---

4 Jochen Mai, Aufgaben aufschieben: Schluss damit!, http://karrierebibel.de/aufschieben/

Kommt allerdings ein wichtiger Termin auf ihn zu, steht er vor einer entscheidenden Prüfung oder vor einem unangenehmen Gespräch, packt ihn die Ordnungswut. Dann wird aufgeräumt und das Durcheinander auf dem Schreibtisch oder gleich im ganzen Büro bzw. der Wohnung beseitigt, bevor er durchstarten kann.

Der Panikmacher

Am Anfang ist er die Gelassenheit selbst, der Termin ist noch so weit weg, es ist noch so viel Zeit! Die kann man doch wesentlich erfreulicher verbringen. Aber dann wenn der Termin in greifbare Nähe rückt, kommt sie mit Macht – die Panik!

Die Panik und das Gefühl, die Zeit nicht richtig genutzt zu haben, lassen Hektik aufkommen und führen letztlich zu einem nicht zufriedenstellenden Resultat.

Der Listenmacher

Dieser »Aufschiebetyp« schreibt erst mal eine detaillierte Liste, die er dann Schritt für Schritt abhaken kann. Leider konzentriert er sich dabei zu sehr auf die Liste und nicht auf die darin notierten eigentlichen Aufgaben, sodass er zum Schluss wunderbare Listen hat, die Arbeit an sich aber immer noch darauf wartet, gemacht zu werden.

Der Multitasker

Konzentration auf eine konkrete Sache ist nicht sein Ding. Der Multitasker tobt sich auf mehreren Baustellen gleichzeitig aus. Eine gute Idee hier, ein anderes Projekt dort, wieder zurück und so weiter. Die Zahl der Baustellen nimmt zu, aber keine wird fertig, und man verliert den Überblick. Effektiver ist es stattdessen, eine Aufgabe nach der anderen zu erledigen.

Der Internet-Junkie

Für ihn wurde das Internet quasi erfunden. E-Mails, soziale Netzwerke, Infoportale, YouTube – permanent wird gecheckt, wo sich was tut. Das läuft zwar nebenher, lenkt aber von den eigentlichen Aufgaben ab und kostet so letztendlich doch viel Zeit. Da hilft nur, häufiger mal in den Off-line-Modus zu wechseln.

Tricks gegen die Aufschieberitis

Mir helfen die folgenden Tipps, Aufgaben prompt zu erledigen:

- Notieren Sie sich die Aufgaben in Ihrem Kalender. Gerade bei unangenehmen Tätigkeiten ist das eine große Hilfe. Ich versuche, jeden Morgen zuerst eine Aufgabe zu erledigen, die wichtig, aber noch nicht dringend ist. Dann wird sie nie dringend und wichtig.

- Unterteilen Sie große Aufgaben in übersichtliche Portionen. Wenn man von Anfang an weiß, dass man etwas nicht schafft, fängt man gar nicht an. Es ist enorm, wie weit man kommt, wenn man jeden Tag an einer Aufgabe arbeitet. Nehmen wir zum Beispiel dieses Buch. Jahrelang hatte ich vor, ein Buch zu schreiben, und habe es nie gemacht. Dann habe ich mir das Ziel in Outlook eingetragen und mir vorgenommen, jeden Tag wenigstens ein paar Minuten daran zu arbeiten. Zu meinem Erstaunen war das Buch auf einmal fertig.

- Vergessen Sie Ihren Perfektionismus, und haben Sie keine Angst, Fehler zu machen. Es wird nie perfekt sein, und wenn man nie etwas wagt, kommt man auch nicht weiter. Denken Sie daran: Hätte Kolumbus nicht einen Fehler gemacht, hätte er Amerika nicht entdeckt. Und hätte Alexander Fleming nicht eine Petrischale vergessen, wäre Penicillin vielleicht nie oder erst viel später entdeckt worden.

- Machen Sie es sich einfach. Überlegen Sie nicht zu viel. Die Hürde ist meistens, die Aufgabe überhaupt in Angriff zu nehmen. Das gilt übrigens auch beim Sport. Wenn Sie anfangen, darüber nachzudenken, ob Sie jetzt joggen gehen, dann finden Sie garantiert tausend Ausreden, warum es gerade jetzt nicht geht. Sind Sie aber erst mal unterwegs, dann ist es gar nicht mehr so schlimm. Haben Sie sich mal aufgerafft, läuft es buchstäblich von selbst.

- Denken Sie an das schöne Gefühl, das Sie haben werden, wenn eine unangenehme Aufgabe vom Tisch ist.

- Bauen Sie Belohnungen ein. Zum Beispiel: Wenn diese Aufgabe erledigt ist, darf ich 15 Minuten im Internet surfen.

- Achten Sie auf Ihre Gedanken. Gedanken haben enorme Macht. Wir reflektieren ständig unser Verhalten, analysieren uns, kritisieren uns, loben uns, schmieden Pläne. Dieser innere Dialog prägt unser Handeln und unsere Gefühle zu 95 %! Schon der Talmud warnt: »Achte auf deine Gedanken, denn sie werden zu Worten. Achte auf deine Worte, denn sie werden zu Handlungen. Achte auf deine Handlungen, denn sie werden zu Gewohnheiten. Achte auf deine Gewohnheiten, denn sie werden dein Charakter. Achte auf deinen Charakter, denn er wird dein Schicksal.« Achten Sie also auf Ihre Gedanken! Und denken Sie positiv: Sie schaffen das!

- Versuchen Sie, wiederkehrende Aufgaben routinemäßig zu erledigen. Ich zum Beispiel hasse es, Kleider zu bügeln. Diese Tätigkeit erledige ich nun immer am Sonntagmorgen nach dem Frühstück. Nur in Ausnahmefällen verschiebe ich das Bügeln.

13. Wie Sie zu mehr Zeit kommen

Vermeiden Sie Zeitfresser

Sitzungen

Sitzungen entwickeln sich zum Zeitfresser Nummer eins. Jeden Tag verschwenden Unternehmen Hunderte von Arbeitsstunden mit ergebnislosen Besprechungen. Je größer das Unternehmen ist, desto mehr Zeit wird in Besprechungen investiert.

- Nehmen Sie nur an den für Sie relevanten Sitzungen teil.
- Keine Sitzung ohne Protokoll. Darin werden Entscheidungen sowie die Aufgabenverteilung dokumentiert. Damit meine ich nicht langweilige Word-Protokolle. Microsoft OneNote eignet sich dafür hervorragend. Ihre Aufgaben übertragen Sie dann mit einem Klick in Outlook.

Setzen Sie sich beim Surfen Grenzen

Kontrollieren Sie Ihren Konsum von Internet und sozialen Medien. Setzen Sie sich Grenzen.

Es gibt Apps, zum Beispiel *Moment* (https://inthemoment.io) und *Checky* (http://www.checkyapp.com), die für Sie aufzeichnen, wie viel Zeit Sie im Internet verbringen.

Oder vielleicht hilft Ihnen die Pomodoro-Arbeitstechnik, die von Francesco Cirillo in den 1980er-Jahren entwickelt wurde. Er empfiehlt, die Arbeit in 25-Minuten-Portionen zu unterteilen.

Mit einer Küchenuhr können Sie einstellen, dass Sie so lange arbeiten oder sich entspannen bzw. im Internet surfen, bis es klingelt. Er nutzte eine Küchenuhr in der Form einer Tomate. Darum bekam diese Technik den Namen Pomodoro, was auf Italienisch Tomate heißt.

Beschränken Sie den Einsatz Ihres Smartphones

Laut einer neuen Studie benutzen wir alle 18 Minuten unser Handy, und pro Tag schauen wir 88-mal auf das Display. Täglich gehen so 2,5 Stunden verloren. Die Angst, etwas verpassen zu können, ist mir ein Rätsel. Kämpfen Sie dagegen an.

Fragen Sie sich, was die Konsequenz ist, wenn Sie eine Information verpassen. Spezialisten sprechen bereits vom digitalen Burn-out. Verschreiben Sie sich eine digitale Diät. Und wenn wir schon dabei sind, kämpfen Sie gegen die digitale Demenz. Berechnen Sie zum Beispiel das nächste Mal im Kopf Ihre Lebensmitteleinkäufe.

Befreien Sie sich von Energieräubern

Energievampire sind allgegenwärtig und tauchen in den unterschiedlichsten Formen auf. Sie alle rauben uns Energie, Lebenskraft und damit auch die Lebensfreude. Energieräuber sind Gefühle wie Angst oder Schuld, aber auch Freunde, Kollegen, Lebenspartner, die sich als Jammertanten, Besserwisser, Drückeberger oder Tyrannen bemerkbar machen.

Schützen Sie sich vor Unterbrechungen

Wie bereits erwähnt, lösen Unterbrechungen den Sägezahneffekt aus, und die Erledigung einer Aufgabe dauert doppelt so lange, als wenn man sie am Stück erledigt hätte. Zusätzlich steigt die Gefahr, einen Fehler zu machen.

Versuchen Sie, Fehler zu vermeiden

Fehler kosten viel Zeit und Geld, wenn man sie ausbügeln muss. Zusätzlich haben Sie meistens einen verärgerten Kunden oder Chef, den Sie besänftigen müssen. Hätten Sie es von Anfang an richtig gemacht, wäre die Angelegenheit in einem Bruchteil der Zeit erledigt gewesen. Wenn Sie die Outlook-Aufgaben nutzen, wie in diesem Buch erklärt, sollten Sie viele Fehler vermeiden können, weil Sie eine Aufgabe von Anfang bis Ende durchdenken.

Sagen Sie auch mal Nein

Es ist in Ordnung, auch mal Nein zu sagen, wenn Sie merken, dass Sie bereits ausgelastet sind. Wenn möglich, schlagen Sie eine Alternative vor. Bleiben Sie beharrlich, wenn Ihr Nein nicht akzeptiert wird. Machen wir nun mit Outlook weiter.

Freie Termine anzeigen

Wie bereits erwähnt, ist es hilfreich, Aufgaben im Kalender einzuplanen, aber Ihre Kollegen sollen das vielleicht nicht sehen. Oder Sie möchten trotzdem zu Meetings eingeladen werden und entscheiden dann von Fall zu Fall, was wichtiger ist. Sie können Ihre Verfügbarkeit als *Frei* definieren, falls Sie nicht alle Termine, die Sie mit sich selbst buchen, als *Beschäftigt* anzeigen möchten.

1 Aktivieren Sie einen Termin oder geben Sie einen neuen ein.

2 Klicken Sie auf das Feld *Anzeigen als*.

3 Wählen Sie *Frei* aus der Liste aus.

Diese Termine werden standardmäßig nicht in der Planungsansicht angezeigt. Damit diese Einträge angezeigt werden, müssen Sie eine Option aktivieren:

Termin mit sich selbst als »Frei« kennzeichnen.

4 Wählen Sie im Menü *Datei* die *Optionen* aus und verzweigen Sie in die *Kalender-Optionen*.

5 Aktivieren Sie die Option *In Planungsansicht freie Termine anzeigen*.

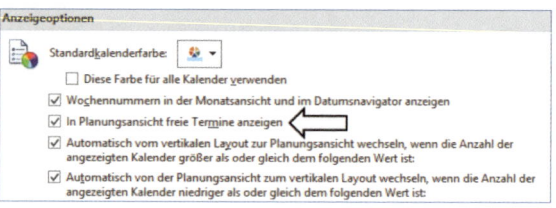

Freie Termine sollen in der Planungsansicht erscheinen.

14. Es ist alles Ansichtssache

In Outlook wird praktisch alles mit Ansichten gesteuert. Wir haben bereits einige Standardansichten verwendet. Das Schöne an den Ansichten ist, dass Sie diese an Ihre individuellen Bedürfnisse anpassen können. So sehen Sie auf einen Blick, was wichtig ist.

Ansicht erstellen mit Suche nach Wörtern im Betreff

Mit Ansichten sehen Sie spezifische Aufgaben sofort. Sehr oft arbeitet man projektorientiert. Als Übung erstellen wir eine Ansicht für unser Fitnessprojekt. Sofort sollen alle Aufgaben mit diesem Stichwort angezeigt werden:

1 Wechseln Sie in die *Aufgaben*.

2 Aktivieren Sie wieder die Ansicht nach Kategorien. Wir nutzen diese Ansicht als Basis für unsere neue Ansicht.

3 Erstellen Sie eine neue Ansicht. Verzweigen Sie dazu in das Register *Ansicht*. Unter dem Symbol *Ansicht ändern* finden Sie *Ansichten verwalten*.

Ansichten verwalten.

4 Kopieren Sie die aktuelle Ansicht, und geben Sie ihr den Namen *Projekt Fitness*.

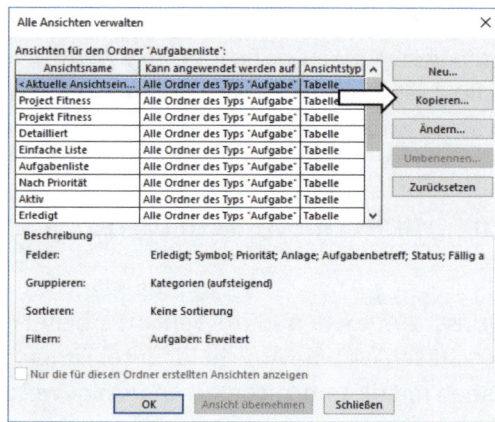

Ansicht kopieren.

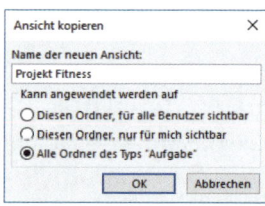

Den Namen der Ansicht eingeben.

5 Im folgenden Fenster definieren Sie einen *Filter*.

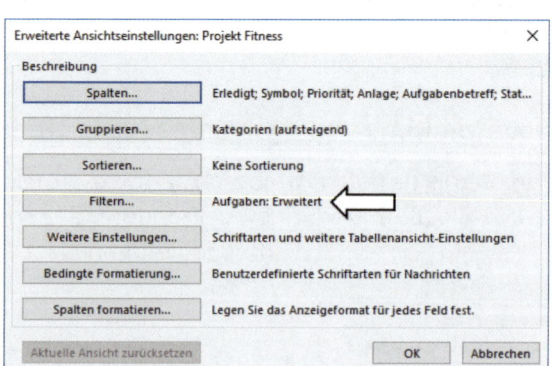

Aufgabenfilter setzen.

6 In das Feld *Suchen nach* tippen Sie das Wort *Fitness* ein. Sie möchten nur diese Aufgaben sehen.

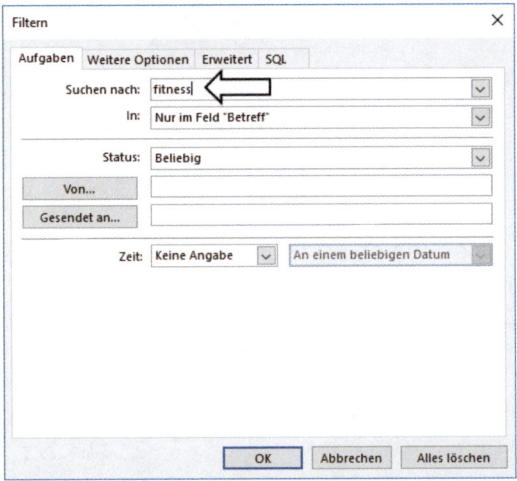

Nur Aufgaben mit dem Stichwort »Fitness« sollen angezeigt werden.

7 Speichern Sie mit *OK* und übernehmen Sie die Ansicht. Nun werden nur noch die Aufgaben mit dem Stichwort *Fitness* angezeigt.

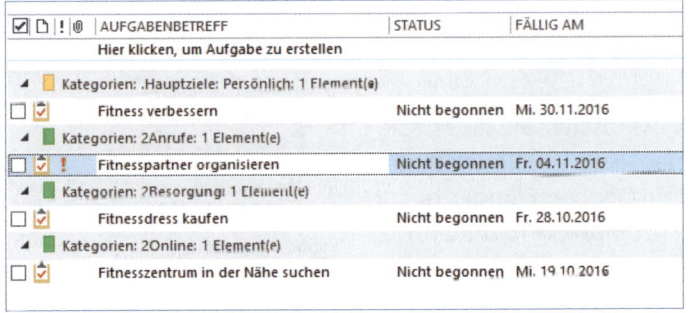

Nur noch Fitnessaufgaben werden aufgelistet.

Die zusätzliche Ansicht steht im Bereich *Ansicht ändern* zur Verfügung.

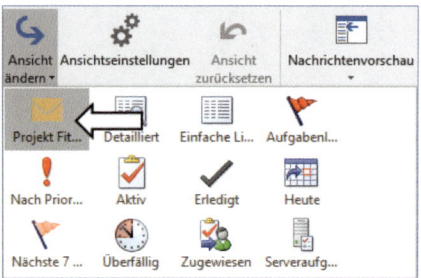

Die neue Ansicht wird angezeigt.

Hinweis

Wechseln Sie in die Ansicht *Detailliert* oder *Einfache Liste*, wenn Sie wieder alle Aufgaben sehen möchten.

Erledigte Aufgaben nicht anzeigen

Standardmäßig werden in manchen Ansichten die erledigten Aufgaben angezeigt.

Normalerweise löschen Sie die erledigten Aufgaben. Falls Sie die erledigten Aufgaben ein bisschen länger behalten möchten, empfehle ich Ihnen, diese auszublenden.

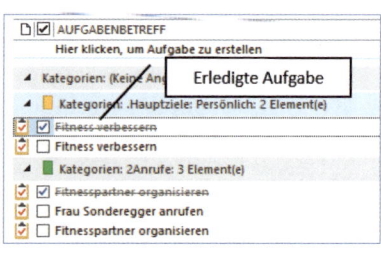

Anzeige einer erledigten Aufgabe.

Wir ändern darum die aktuelle Ansicht, sodass die erledigten Aufgaben nicht angezeigt werden.

1 Klicken Sie mit der rechten Maustaste auf das Feld *Aufgabenbetreff*.

2 Wählen Sie aus dem Kontextmenü *Ansichtseinstellungen*.

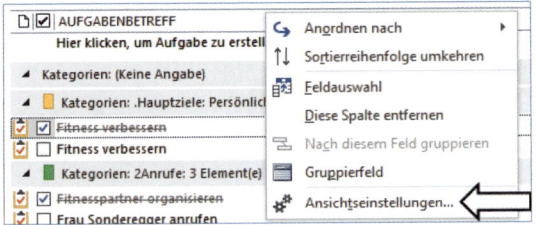

Ansicht ändern.

3 Aktivieren Sie *Filtern*, und wechseln Sie in das Register *Erweitert*.

4 Mit der Schaltfläche *Feld* wählen Sie die Option *Status* aus. Sie finden sie in der Kategorie *Häufig verwendete Felder*.

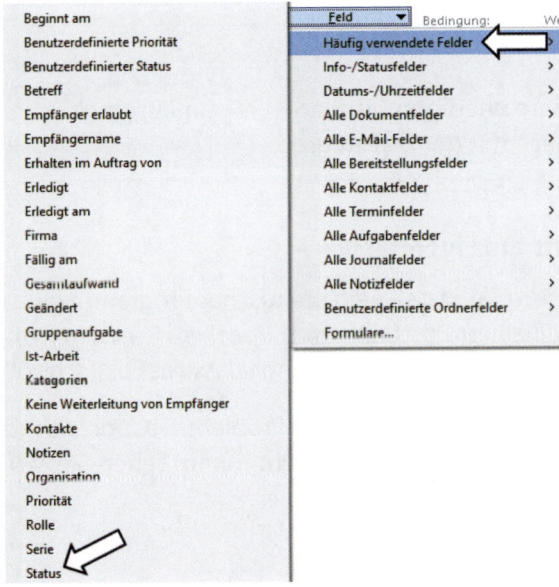

Das Feld Status wird ausgewertet.

5 Definieren Sie den nachfolgend dargestellten Filter. Es sollen nur Aufgaben angezeigt werden, die noch nicht erledigt sind.

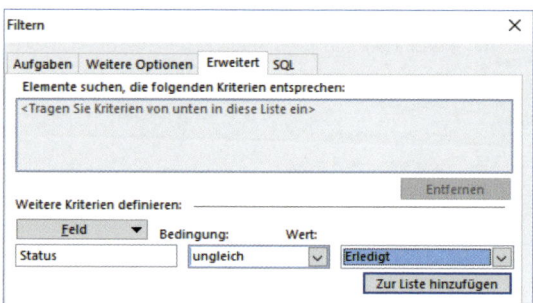

Nur unerledigte Aufgaben sollen angezeigt werden.

6 Mit einem Klick auf die Schaltfläche *Zur Liste hinzufügen* wird die Aktion abgeschlossen.

> **Hinweis**
>
> Denken Sie daran, Ihre erledigten Aufgaben regelmäßig zu löschen. Sonst wird Ihr Postfach mit der Zeit zu groß.

Größe des Postfachs anzeigen lassen

Übrigens, haben Sie gewusst, dass es ein praktisches Programm gibt, das Auskunft über die Größe Ihres Postfachs gibt? Vor allem in einem Firmennetz kann es passieren, dass die Meldung kommt, dass das Postfach voll ist.

Vielleicht ist aber nicht der Posteingang das Problem. Das Tool *Postfachgröße anzeigen* hilft Ihnen, denn in diesem Programm sehen Sie, wo Sie Daten gespeichert haben.

1 Das Programm finden Sie im Menü *Datei* unter *Tools zum Aufräumen* und dann *Postfachbereinigung*.

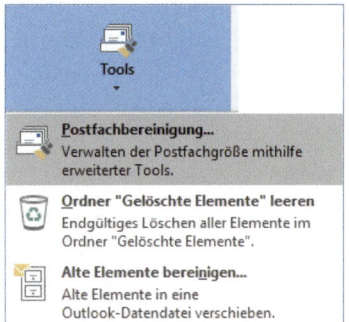

Herausfinden, wo Elemente gespeichert werden.

2 Klicken Sie auf *Postfachgröße anzeigen*.

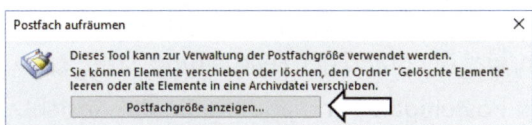

Größe des Postfachs herausfinden.

Sehr oft werden die gesendeten Elemente vergessen. Oder die gelöschten Objekte könnte man wieder einmal leeren.

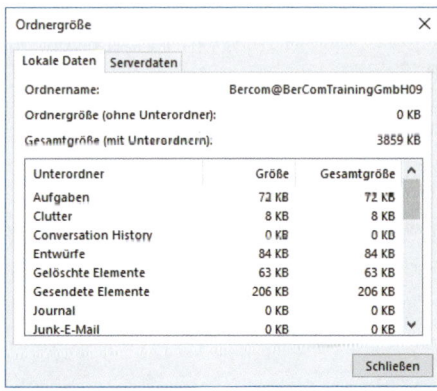

Übersicht der gespeicherten Elemente.

Direkt löschen ohne Papierkorb

Mit der Tastenkombination ⇧+Entf werden Elemente definitiv gelöscht und nicht in den Ordner der gelöschten Elemente verschoben.

Bearbeitbares Feld erstellen

Es gibt Mailboxen, die von mehreren Personen bearbeitet werden, zum Beispiel *anfrage@musterfirma.de*, *bestellung@musterfirma.de*, *info@musterfirma.de* etc. Damit Sie wissen, was bereits erledigt ist, helfen ein Feld, in dem Sie eine Bemerkung erfassen können, und eine Ansichtseinstellung.

Im nächsten Beispiel platzieren Sie das Feld *Bemerkung* in der Ansicht und konfigurieren es, sodass eine Eingabe möglich ist. In diesem Feld sollen die Benutzer vermerken, was der Stand der Bearbeitung ist.

1 Wechseln Sie in den Posteingang und ändern Sie die Ansicht, wie oben erläutert.

2 Klicken Sie auf *Spalten*.

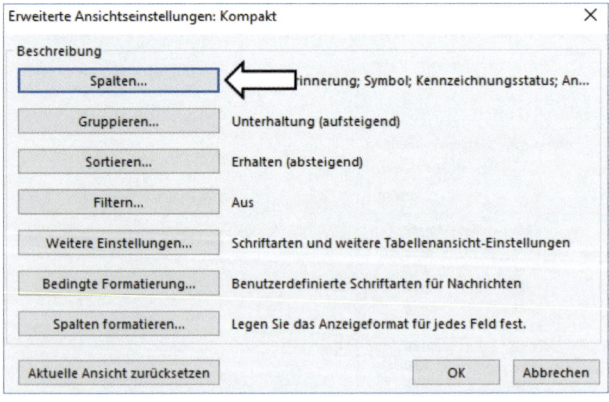

Spalte »Bemerkung« einbauen.

3 Erstellen Sie mit einem Klick auf die gleichnamige Schaltfläche eine neue Spalte.

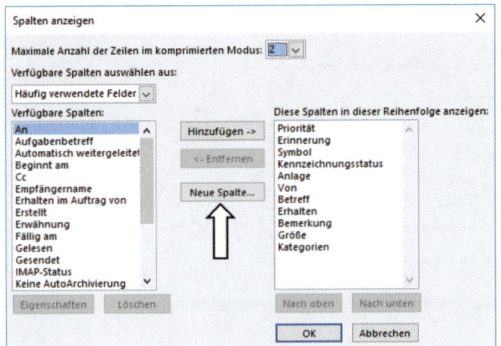

Neue Spalte anlegen.

4 Geben Sie der neuen Spalte einen Namen, zum Beispiel *Bemerkung*.

5 Typ und Format belassen Sie auf *Text*.

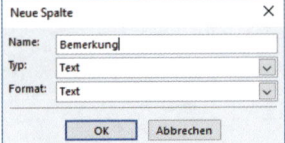

Name des neuen Feldes.

6 Mit *Nach oben* positionieren Sie das Feld an der gewünschten Position.

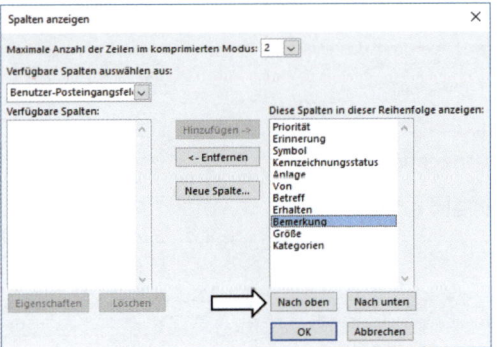

Position der neuen Spalte.

7 Damit Sie die Spalte bearbeiten können, müssen Sie eine Einstellung ändern. Diese finden Sie unter *Weitere Einstellungen*.

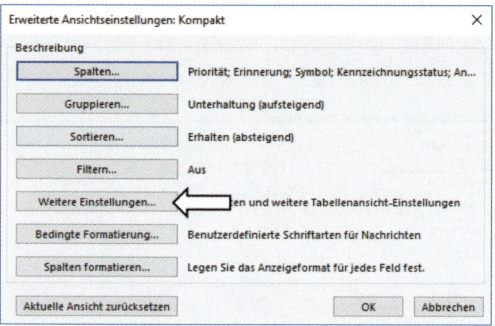

Weitere Einstellungen konfigurieren.

8 Aktivieren Sie die Option *Bearbeiten in der Zeile ermöglichen*.

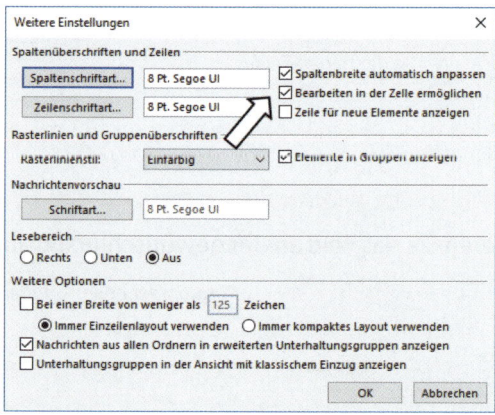

Bearbeitungen in der neuen Spalte ermöglichen.

9 Sie können nun Text im Feld erfassen.

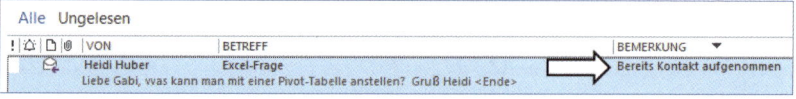

Spalte »Bemerkung« mit Text.

15. Aufgaben delegieren

Wann immer Sie können, delegieren Sie Ihre Aufgaben. Viele Leute tun sich schwer damit. »Ich mach's lieber selbst, dann weiß ich, dass es ordentlich erledigt wird«, hört man sehr oft. Auf www.infoquelle.de findet sich folgende einleuchtende Aussage:

> »Die Kunst des Delegierens heißt zu lernen, sich wie ein Dirigent eines Orchesters zu fühlen und genauso konsequent die Aufgaben zu verteilen und effektiv zu steuern. Kein Dirigent würde je auf die Idee kommen, alle Instrumente selbst zu spielen.«[5]

Eigentlich hat Delegieren nur Vorteile:

- Sie haben mehr Zeit für Ihre Aufgaben und haben dadurch mehr Kapazität für Ihre Prioritäten.

- Dadurch sind Sie weniger unter Druck.

- Sie können nicht alles wissen. Wenn Sie Aufgaben an Personen delegieren, die in diesem Gebiet ein besseres Fachwissen haben, erzielen Sie ein besseres Arbeitsresultat.

- Ihre Mitarbeiter sind motivierter, weil sie spüren, dass Sie ihnen vertrauen, und meistens wird die Arbeit interessanter. Es ist erstaunlich, wie ein Mensch manchmal an seinen Aufgaben wächst, wenn man ihm Verantwortung überträgt.

- Man wird Sie als kompetente Führungsperson wahrnehmen.

Mit Outlook können Sie herausfinden, welche Aufgaben Sie weitergeben können. Wenn Sie die Übungen gemacht haben, sollten nun einige Aufgaben in Ihrer Aufgabenliste stehen.

1 Gehen Sie durch die Liste, und überlegen Sie, was Sie weitergeben können.

---

5 http://www.infoquelle.de/Management/Personalmanagement/delegieren

2 Damit das Delegieren funktioniert, müssen Sie Ihre Leute ausführlich instruieren und ihnen Informationen zur Verfügung stellen:

- Liefern Sie ausreichende Informationen über die Aufgabe und alles, was für ihre Erledigung wichtig ist.

- Erteilen Sie klare Anweisungen in Bezug auf das, was Sie erwarten, geben Sie dabei aber ausreichend Handlungsspielraum, um die Aufgabe nach eigenem Gutdünken erfüllen zu können.

- Informieren Sie Ihre Mitarbeiter über den Sinn und das Ziel der Aufgabe, denn nur wer weiß, was das Ziel ist, kann es auch erreichen.

Outlook stellt eine wenig bekannte Funktion zur Verfügung, um Sie bei diesem Vorhaben zu unterstützen:

1 Erstellen Sie eine neue Aufgabe.

2 Klicken Sie auf *Aufgabe zuweisen*, um eine Aufgabe zu delegieren.

Aufgabe delegieren.

3 Adressieren Sie die Aufgabe.

4 Definieren Sie die Details. Falls gewünscht, können Sie sogar die Kategorie vorgeben. Idealerweise nutzen sämtliche Mitglieder Ihres Teams dieselben Kategorien.

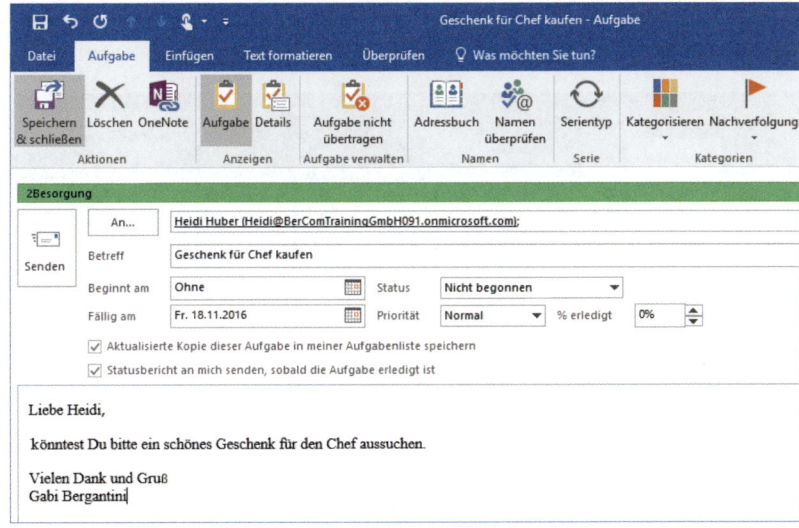

Aufgabe adressieren.

Sie erkennen delegierte Aufgaben an einem speziellen Symbol vor der Aufgabe.

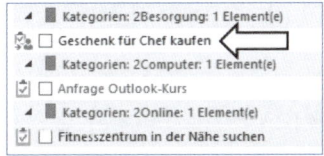

Darstellung der delegierten Aufgabe.

5 Damit Sie daran denken, an der Aufgabe dranzubleiben, weisen Sie ihr die Kategorie *2Nachfassen* zu.

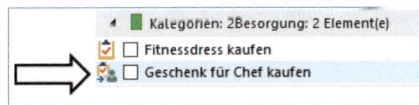

Aufgabe nachfassen.

Die betroffene Person erhält eine Anfrage, die sie annehmen oder ablehnen kann.

Aufgabe akzeptieren oder ablehnen.

Tipp

Weisen Sie dieser Aufgabe die Kategorie *2Nachfassen* zu. So vergessen Sie nicht, zu gegebener Zeit nachzufassen.

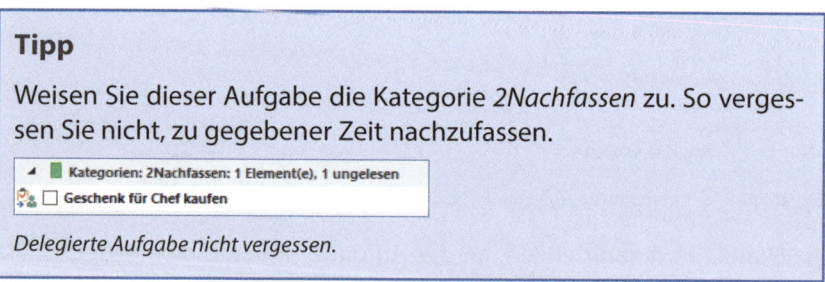

Delegierte Aufgabe nicht vergessen.

---

6 Auf Wunsch kann ein *Statusbericht* versandt werden.

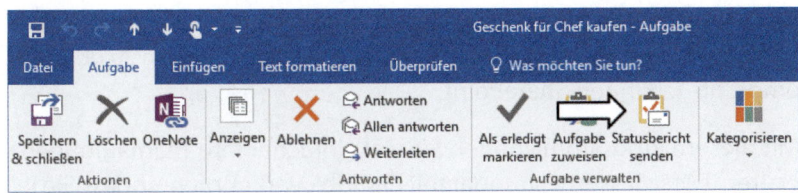

Statusbericht aufbereiten.

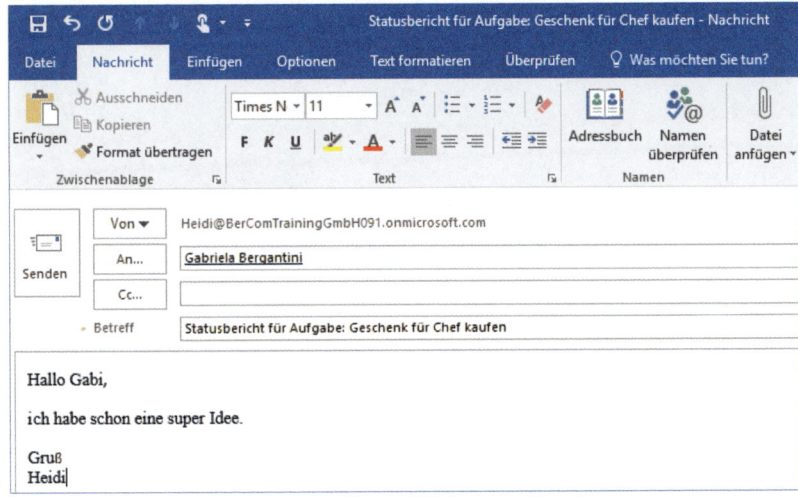

Statusbericht versenden.

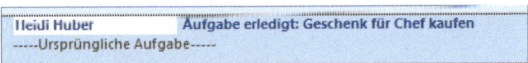

Meldung bei Statusänderung.

7 Sie erhalten eine Nachricht, wenn die Aufgabe erledigt wurde.

Heidi Huber	Aufgabe erledigt: Geschenk für Chef kaufen
-----Ursprüngliche Aufgabe-----	

Meldung bei Erledigung.

Outlook eignet sich vor allem, um einzelne Aufgaben zu delegieren. Falls Sie sich überlegen, Aufgaben im großen Stil in Ihrem Team zu übertragen, empfehle ich Ihnen SharePoint.

Mit diesem Programm können Sie viel einfacher Ihre Teamaufgaben verwalten. Diese lassen sich sogar mit Outlook verknüpfen, sodass Sie jederzeit alle Ihnen zugewiesenen Aufgaben sehen. Mehr Informationen dazu finden Sie in meinem Buch »Ganz einfach SharePoint 2013«.

16. Mit Regeln arbeiten

Mit Regeln können Sie schon beim Eintreffen der Mails entscheiden, was mit ihnen passieren soll. Regeln helfen Ihnen, Ihren Posteingang schlank zu halten.

Regel Newsletter

Newsletter müssen in den meisten Fällen nicht sofort gelesen werden. Sie können Ihre Mailbox entlasten, indem Sie beispielsweise Newsletter in einen separaten Ordner verschieben lassen:

1 Wechseln Sie in den Posteingang. Klicken Sie mit der rechten Maustaste auf einen Newsletter und wählen Sie *Regel erstellen*.

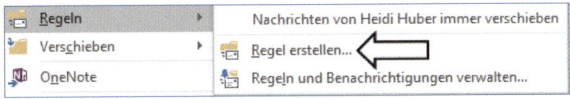

Regel aus Mail erstellen.

Mit den ersten drei Optionen können Sie definieren, welche Mails verschoben werden sollen. Das können zum Beispiel Mails mit einem speziellen Betreff, von einem spezifischen Absender oder Mails, in denen Sie allein in der *An*-Zeile stehen, sein.

Im unteren Teil geben Sie an, was mit den Mails geschehen soll. In diesem gezeigten Beispiel verschieben Sie die Mails in einen Ordner.

2 Aktivieren Sie die Option *Element in Ordner verschieben* und klicken Sie auf *Ordner auswählen*.

3 Falls nötig, erstellen Sie einen neuen Ordner.

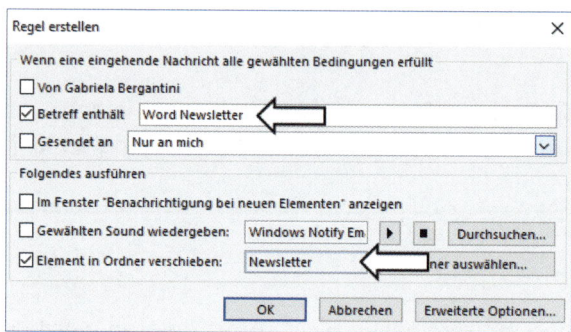

Newsletter-Regel definieren.

Falls gewünscht, können Sie diese Regel gleich auf alle Mails in Ihrem Posteingang anwenden. Vielleicht verschwinden so gleich ein paar Mails daraus.

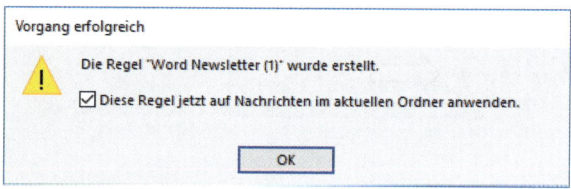

Regel gleich anwenden.

Einmal hatte ich einen Kursteilnehmer mit über 6.000 Mails im Eingang. Nach dieser Aktion waren es schon 1.000 weniger.

Es war beeindruckend, dabei zuzuschauen, wie sein Postfach vor unseren Augen schrumpfte.

Nicht vergessen

Vergessen Sie nicht, sich diese Newsletter bei Gelegenheit anzuschauen. Vielleicht müssen Sie einen wiederkehrenden Termin erfassen, damit Sie diese Informationen regelmäßig beachten.

Regel Cc–Mails

Wenn Sie in einer Nachricht in der Cc-Zeile stehen, dann wird von Ihnen normalerweise keine Aktivität erwartet. Daher ist es nicht unbedingt nötig, diese Informationen in den Posteingang liefern zu lassen.

Mit einer weiteren praktischen Regel können Sie diese Mails in einen separaten Ordner schieben:

1 Klicken Sie auf *Datei* und anschließend auf *Regeln und Benachrichtigungen verwalten*.

In diesem Fenster finden Sie auch Ihre zuvor erstellte Newsletter-Regel.

Regeln und Benachrichtigungen.

2 Erstellen Sie mit einem Klick auf die gleichnamige Schaltfläche eine neue Regel.

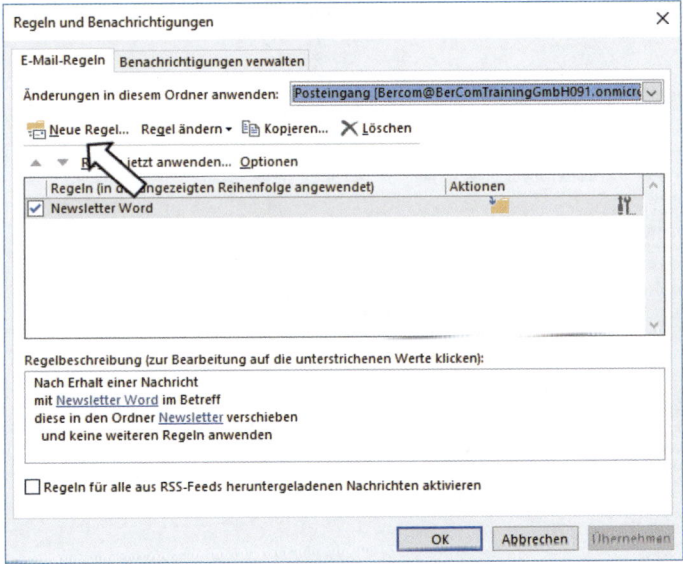

Neue Regel erstellen.

3 Wählen Sie den Punkt *Regel auf von mir empfangene Nachrichten anwenden.*

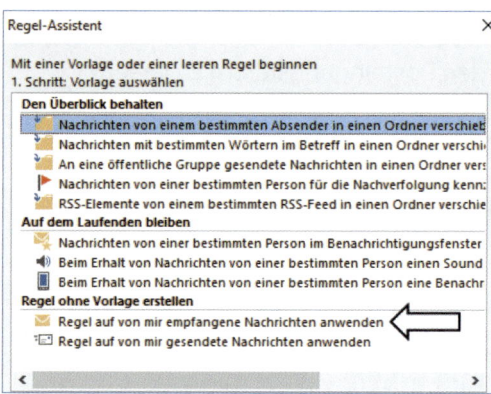

Regel für empfangene Mails.

4 Aktivieren Sie in Schritt 1 die Option *die meinen Namen im Feld "Cc" enthält.*

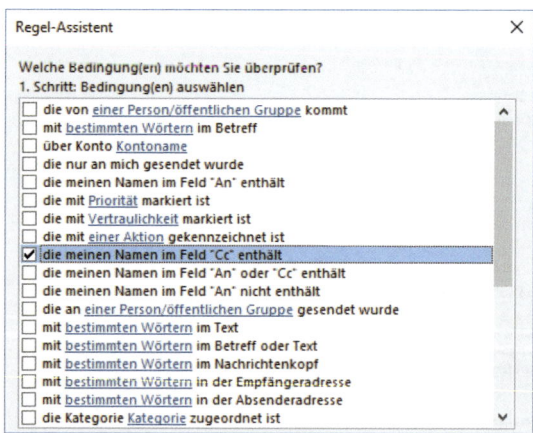

Regel-Assistent – Schritt 1.

5 Im nächsten Schritt wählen Sie *diese in den Ordner Zielordner verschieben*.

Regel-Assistent – Schritt 2.

6 Im unteren Teil des Fensters klicken Sie auf den Link *Zielordner*. Erstellen Sie einen neuen Ordner mit dem Namen *CC-Mails*.

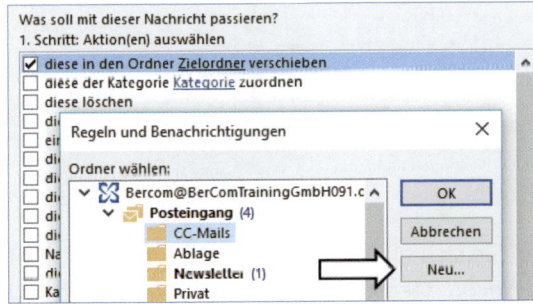

Neuer Ordner für Regel.

Falls gewünscht, definieren Sie eine Ausnahme. Vielleicht sollen die Mails vom Chef oder vom Team doch sicherheitshalber in den Posteingang geliefert werden, damit sie ja nicht untergehen.

1 Aktivieren Sie im nächsten Fenster die Option *außer diese ist von einer Person/öffentlichen Gruppe*.

2 Im unteren Teil des Fensters klicken Sie auf eine Person/öffentliche Gruppe und wählen die Person aus. Sie können auch eine öffentliche Verteilerliste nutzen.

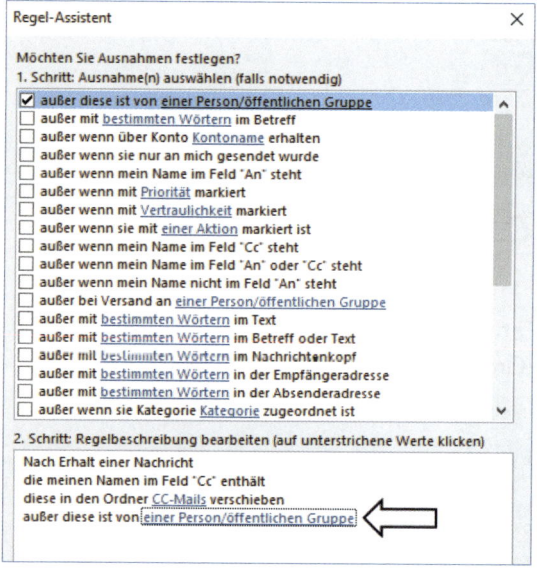

Regel-Assistent – Schritt 3: Ausnahmen.

Im nächsten Schritt lesen Sie sich die Regel nochmals durch. Mit der Option *Diese Regel jetzt auf Nachrichten anwenden, die sich bereits im Ordner "Posteingang befinden"* können Sie Cc-Mails sofort in den Ordner *CC-Mails* verschieben lassen.

1 Aktivieren Sie die Option *Diese Regel jetzt auf Nachrichten anwenden, die sich bereits im Ordner "Posteingang befinden"*.

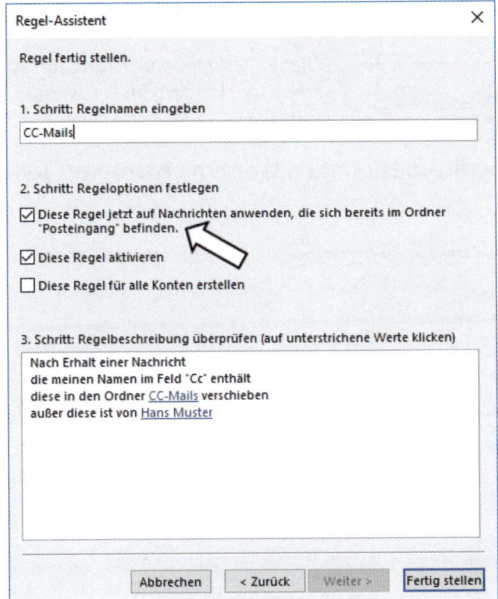

Regel gleich anwenden.

2 Mit *Fertig stellen* beenden Sie die Erstellung der Regel.

Benachrichtigungen bei wichtigen Mails

Wir haben in Kapitel 7 die Benachrichtigung neuer Nachrichten ausge-schaltet. Manchmal wartet man aber ganz dringend auf eine Nachricht und will, dass die Benachrichtigung in diesem Fall angezeigt wird. Auch hier hilft eine Regel weiter:

1 Erstellen Sie eine neue Regel, indem Sie das Menü *Datei* und anschlie-ßend *Regeln und Benachrichtigungen* anwählen.

2 Die Regel soll auf empfangene Mails angewandt werden.

Outlook soll eine Desktopbenachrichtigung anzeigen, wenn zum Beispiel ein **bestimmtes Wort** im Betreff steht:

3 Aktivieren Sie die Option *mit bestimmten Wörtern im Betreff oder Text*.

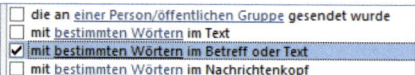

Regel Desktopbenachrichtigung bei gewissen Wörtern im Betreff oder Text erstellen.

4 Klicken Sie auf den Hyperlink *bestimmten Wörtern* im unteren Teil des Fensters.

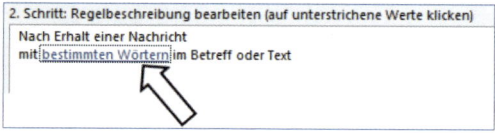

Suchwörter bestimmen.

5 Geben Sie das relevante Wort ein, und klicken Sie auf *Hinzufügen*.

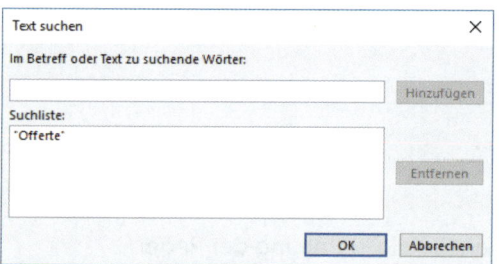

Suchwort, bei dem eine Desktopbenachrichtigung angezeigt werden soll.

6 Falls das Wort im Betreff steht, soll eine Desktopbenachrichtigung angezeigt werden. Aktivieren Sie deshalb die letzte Option *Desktopbenachrichtigung anzeigen*.

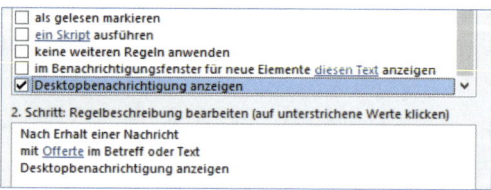

In diesem Fall soll die Desktopbenachrichtigung angezeigt werden.

17. Bedingte Formatierungen

Mit dem nächsten Trick erkennen Sie, auf welche Mails Sie sich konzentrieren müssen. Wenn Sie allein in der *An*-Zeile stehen, dann müssen Sie sicher auf die Mail reagieren. Damit Sie diese Nachrichten sofort erkennen, können Sie diese mit den bedingten Formatierungen farblich hervorheben.

Mails nur für mich farblich kennzeichnen

1 Aktivieren Sie den *Posteingang* und klicken Sie mit der rechten Maustaste auf eine Spaltenüberschrift, zum Beispiel auf den Betreff.

2 Gehen Sie zu den *Ansichtseinstellungen*.

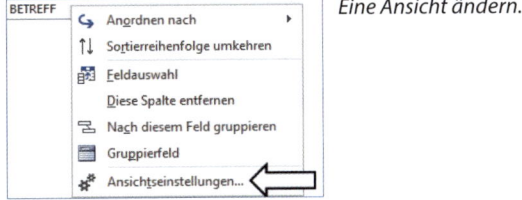

Eine Ansicht ändern.

3 Klicken Sie auf die Schaltfläche *Bedingte Formatierung*.

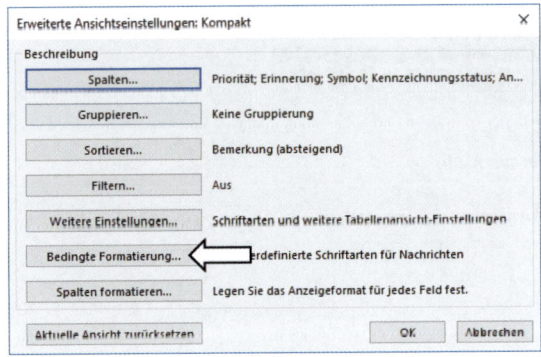

Bedingte Formatierung einrichten.

4 Mit *Hinzufügen* erfassen Sie eine zusätzliche Bedingung und geben dieser einen Namen, zum Beispiel *Mails nur für mich.*

5 Anschließend definieren Sie die *Bedingung.*

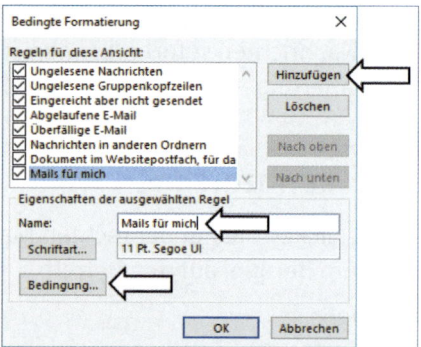

Die Mails für mich sollen speziell formatiert werden.

6 Aktivieren Sie die Option *In denen ich:* und wählen Sie im Drop-down-Feld die Bedingung *als einziger Empfänger in der "An"-Zeile stehe.*

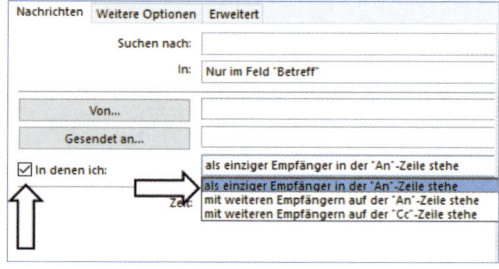

Ich bin einziger Empfänger der Mail.

Sie formatieren diese Mails in Grün oder einer anderen von Ihnen gewünschten Farbe.

1 Klicken Sie auf die Schaltfläche *Schriftart*.

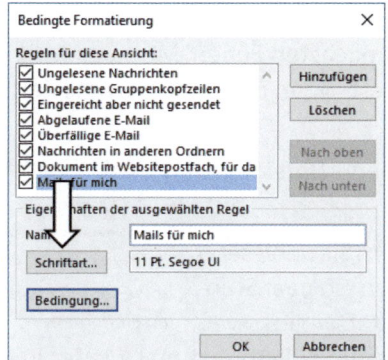

Formatierung zuweisen.

2 Wählen Sie die gewünschten Formatierungen, zum Beispiel die Farbe Blau und den Schriftschnitt *Fett*.

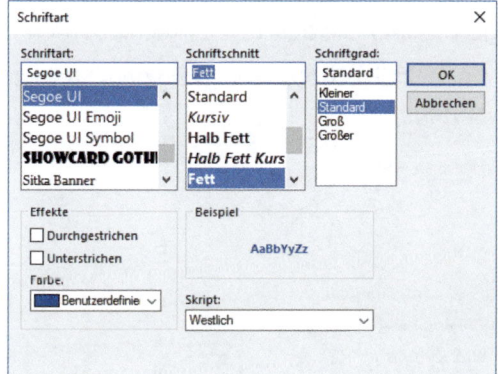

Formatierung auswählen.

E-Mails direkt an Sie werden jetzt blau und fett angezeigt.

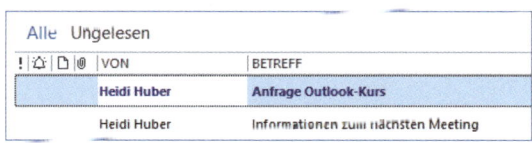

Mails nur für mich.

18. Abwesenheitsassistent

Sicher freuen Sie sich bereits auf die nächsten Ferien. Meistens wird verlangt, dass man eine Meldung aktiviert, wenn man eine gewisse Zeit abwesend ist.

1 Diese Meldung richten Sie im Menü *Datei/Automatische Antworten* ein.

Automatische Antworten

2 Definieren Sie den Zeitraum, in dem Sie abwesend sind. Ich empfehle, den Assistenten ein paar Stunden länger zu definieren, als Sie tatsächlich weg sind. Das gibt Ihnen Zeit, nach Ihrem Urlaub erst mal wieder in den Arbeitsalltag zu kommen.

Abwesenheitsassistenten einrichten.

3 Beachten Sie, dass Sie zwei Texte erfassen müssen: **innerhalb oder außerhalb einer Organisation**. Ich würde jeweils denselben verwenden. Mit Kopieren und Einfügen können Sie den Text einfach übernehmen.

4 Idealerweise haben Sie einen Stellvertreter. Teilen Sie dem Stellvertreter mit, dass Sie ihn erwähnen.

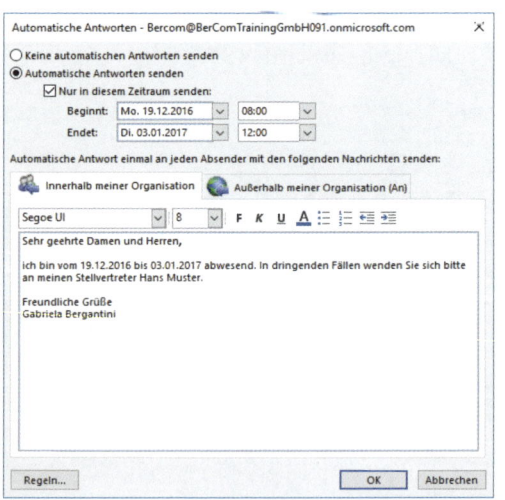

Abwesenheitsassistent.

19. Tipps und Tricks für Outlook 2016

Im Folgenden erhalten Sie weitere praktische Outlook-Tipps. Zusätzlich lernen Sie Neuerungen dieser Version kennen.

Nachrichtenoptionen

Es stehen viele praktische Einstellungen zur Verfügung, um Ihre Mails zu kennzeichnen.

Öffnen Sie eine neue Mail mit *Start/Neue E-Mail-Nachricht*.

> **Tastenkombination**
>
> Alternativ können Sie auch die Tastenkombination Strg+N verwenden.

Die wichtigsten Optionen, wie zum Beispiel eine hohe bzw. niedrige Priorität für eine Mail festzulegen, finden Sie direkt in der Leiste *Nachricht*. Verwenden Sie das Symbol *Wichtigkeit: hoch* sparsam. Sie werden nicht mehr ernst genommen, wenn Sie grundsätzlich alle oder viele Nachrichten als wichtig markieren. Die Einstellung *Wichtigkeit: niedrig* ist mir noch nie begegnet. Wenn es nicht wichtig wäre, würde man ja nicht schreiben.

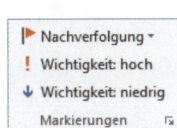

Wichtigkeit der Meldung definieren.

Bcc-Zeile

Personen, die in dieser Zeile adressiert werden, sind für die restlichen Empfänger nicht zu sehen. Ich nutze Bcc gern, wenn ich eine Mail an viele Personen – zum Beispiel mehr als 20 –senden muss. Sehr oft weiß man, dass die Nachricht zum Beispiel die ganze Abteilung betrifft. In diesem Fall ist es nicht nötig, die einzelnen Personen zu sehen. Viele Mitarbeiter drucken ihre Mails aus. Ich habe gelesen, dass ca. 80 % der Nachrichten immer noch ausgedruckt werden. Wenn die Empfänger in der *An*-Zeile stehen und die Meldung ausgedruckt wird, dann ist die Hälfte des Blattes schon voll mit den Namen. Die Nachricht muss deshalb vielleicht sogar auf zwei Seiten ausgedruckt werden. Der Umwelt zuliebe nutze ich in diesem Fall die Bcc-Zeile.

Falls Sie die Bcc-Zeile verwenden möchten, müssen Sie diese im Register *Optionen/Bcc* zunächst einblenden.

Überprüfen Sie bei Mails an viele Empfänger, ob es nicht einen besseren Weg gibt. Zum Beispiel könnte man solche Informationen im Intranet platzieren. Gerade Mails an alle sind tabu. Vielleicht hat Ihre Firma einen SharePoint. Dann könnten Sie Abteilungs- oder Projektinformationen dort hinterlegen.

*Bcc-Leiste ein-
blenden.*

Übermittlung verzögern

Mit der Option *Übermittlung verzögern* vergessen Sie keine Geburtstage mehr. Sie können die Nachrichten zuvor mit dem entsprechenden Datum vorbereiten, und Outlook versendet diese zum richtigen Zeitpunkt.

1 In einer neuen Mail wechseln Sie in das Register *Optionen*. Dort klicken Sie auf die Schaltfläche *Übermittlung verzögern*.

2 In dem daraufhin eingeblendeten Dialogfenster *Eigenschaften* können Sie im Bereich *Übermittlungsoptionen* detailliert festlegen, wann die Mail verschickt werden soll.

*Mail später
versenden.*

Achtung

Die Nachrichten sollten bei einem Exchange-Account auch dann automatisch versendet werden, wenn Outlook ausgeschaltet ist. Es kann aber sein, dass Ihre Firma diese Option deaktiviert hat. Testen Sie die Option sicherheitshalber, damit Sie keine bösen Überraschungen erleben.

Rechtschreibprüfung

Wie alle Microsoft-Office-Programme verfügt auch Outlook 2016 über eine Rechtschreibprüfung. Korrigieren Sie Rechtschreibfehler, indem Sie mit der rechten Maustaste auf das rot unterstrichene Wort klicken.

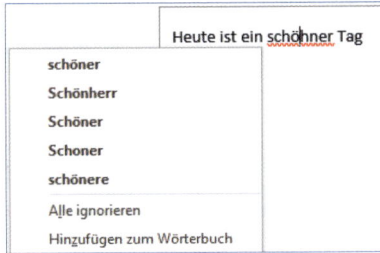

Rechtschreibfehler korrigieren.

Haben Sie gewusst, dass Outlook die Sprache automatisch erkennt, wenn Sie mindestens sieben Wörter schreiben?

In der Schweiz sind normalerweise die Sprachen Deutsch, Englisch, Französisch und Italienisch installiert. Bei Bedarf können Sie weitere Sprachen ergänzen.

In einer neuen Mail schreiben Sie einen Text auf Englisch, Französisch oder Italienisch. Falls Outlook nicht sofort die Sprache erkennt, drücken Sie ⏎.

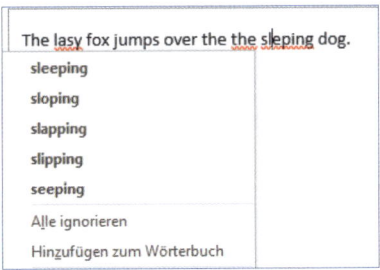

Rechtschreibfehler in anderer Sprache automatisch erkannt.

> **Tastenkombination**
>
> Sie können die Rechtschreibung auch manuell mit ⌷F7⌷ starten.

Manchmal gibt es Probleme bei der automatischen Spracherkennung. In diesem Fall weisen Sie die Sprache manuell zu.

1 Markieren Sie den Text.

2 In der *Überprüfen*-Leiste klicken Sie auf die Schaltfläche *Sprache* und verzweigen ins Menü *Sprache für die Korrekturhilfen festlegen*.

Sprache manuell zuweisen.

3 Wählen Sie nun die Sprache aus, die angewandt werden soll.

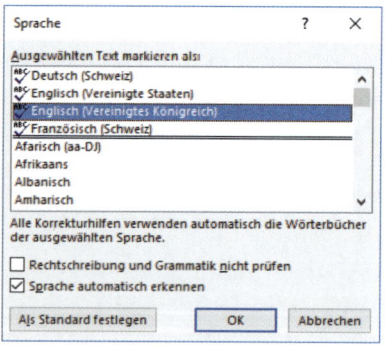

Gewünschte Sprache festlegen.

Intelligente Suche

Beim Schreiben einer E-Mail können Sie sofort recherchieren.

1 Schreiben Sie den Text *Die Clutter-Funktion ist neu in Outlook 2016.*

2 Markieren Sie den Begriff *Clutter-Funktion* und klicken Sie mit der rechten Maustaste in die Markierung.

3 Wählen Sie *Intelligente Suche.*

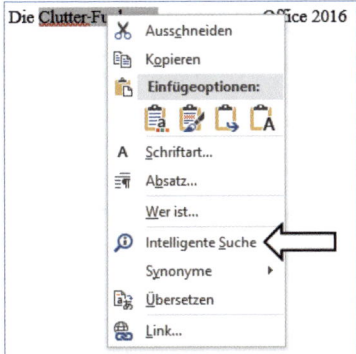

Die intelligente Suche aufrufen.

4 Auf der rechten Bildschirmseite werden die gefundenen Einträge angezeigt.

Treffer der intelligenten Suche.

Interessante Programmoptionen

Bis jetzt haben Sie Optionen für eine einzelne Mail konfiguriert. Im Menü *Datei/Optionen* können Sie Einstellungen vornehmen, die Sie grundsätzlich nutzen möchten.

Zum Beispiel werden Mails mit einem Klick als gelesen markiert, wenn Sie darauf klicken und der *Lesebereich* eingeschaltet wurde.

Dieses Verhalten kann störend sein. Mit einer Option können Sie das allerdings schnell ändern.

1 Starten Sie die Programmoptionen, die Sie im Menü *Datei* finden.

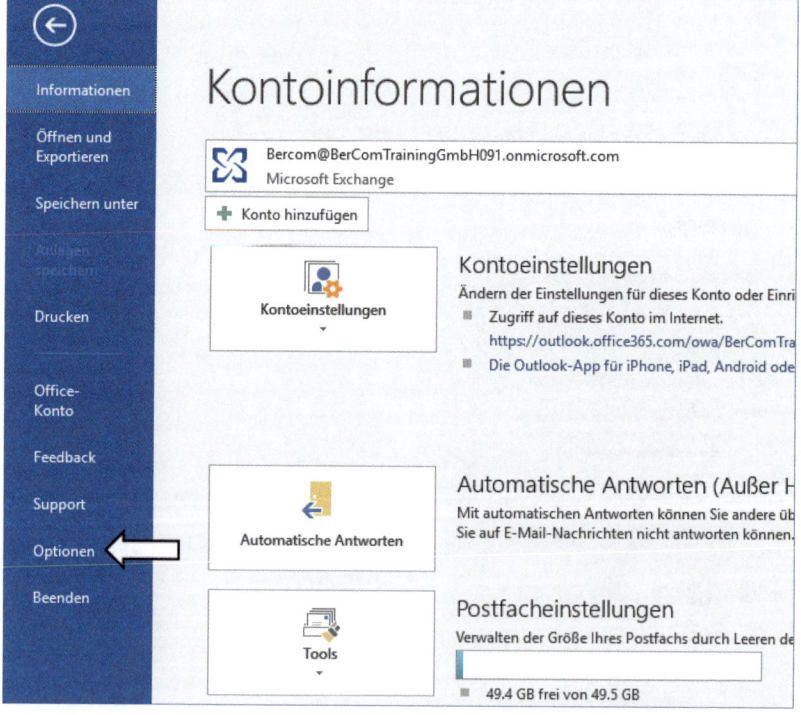

Outlook-Optionen.

2 Im Bereich *E-Mail* klicken Sie auf *Lesebereich*.

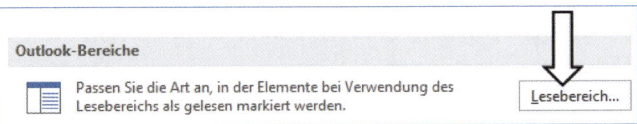

Verhalten des Lesebereichs definieren.

3 Deaktivieren Sie die zweite Option *Element als gelesen markieren, wenn neue Auswahl erfolgt.*

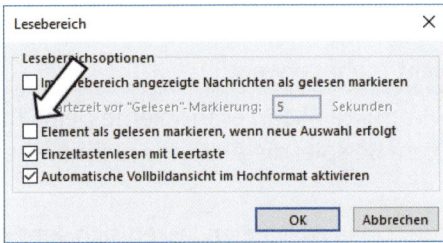

Verhalten des Lesebereichs einstellen.

Die E-Mail-Formate

Haben Sie sich auch schon gewundert, dass Sie manchmal beim Beantworten einer Mail keine Formatierungen anwenden können? Das Mailformat einer Nachricht definiert, welche Formatierungsmöglichkeiten zur Verfügung stehen.

In Outlook gibt es drei E-Mail-Formate:

- Nur Text
- RTF
- HTML

Alle haben Vor- und Nachteile:

Nur Text

Dieses Format sieht man noch ab und zu. Vor allem sicherheitsbewusste Anwender verwenden es sehr gern.

Nachteil: Sieht nicht schön aus, weil man nicht formatieren kann. Man kann auch keine Verknüpfungen einfügen.

Vorteil: Kann jedermann empfangen. Darin können sich keine Schadprogramme (Viren, Trojaner) verstecken.

RTF – ein Microsoft-Format

Dieses Format wird praktisch nicht mehr verwendet.

Nachteil: Bei Nicht-Microsoft-Produkten kann es Probleme beim Empfang geben, sodass zum Beispiel die Anhänge nicht mitgeliefert werden.

Vorteil: Man kann formatieren. Links zu Dateien lassen sich sehr einfach einfügen.

HTML

Dieses Format wird momentan meiner Erfahrung nach am häufigsten verwendet.

Nachteil: Viren lassen sich darin verstecken. Es gibt Firmen, die den Empfang von HTML-Mails blockieren.

Vorteil: Man kann formatieren und die Vorteile von HTML, wie zum Beispiel Hyperlinks, nutzen.

E-Mail-Format temporär ändern

Sie können das E-Mail-Format temporär für eine spezielle Mail ändern: In einer neuen Mail wechseln Sie in die Leiste *Text formatieren* und können dort das für diese Mail gewünschte Format festlegen.

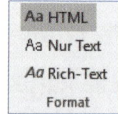

E-Mail-Format ändern.

Format bei empfangenen Mails ändern

Sie sollten das Mailformat bei einer empfangenen Mail nur im Notfall ändern. Der Absender hat wahrscheinlich einen Grund, warum er dieses Format gewählt hat.

Das Standard-E-Mail-Format für alle Mails wird in den Optionen festgelegt.

Starten Sie das Menü *Datei/Optionen*, öffnen Sie den Bereich *E-Mail* und legen das standardmäßig gewünschte Mailformat fest.

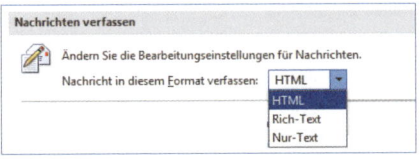

E-Mail-Format permanent ändern.

Hinweis für Mails am Arbeitsplatz

Diese Einstellung wird in vielen Fällen durch Ihre IT-Abteilung gesetzt und sollte in dem Fall möglichst nicht geändert werden.

Mails mit Anhängen

So können Sie Ihrer Mail Dateien anfügen:

1 Sie befinden sich in einer neuen E-Mail.

2 In der Leiste *Nachricht* finden Sie das Symbol *Datei anfügen*.

In Outlook 2016 werden sofort die zuletzt verwendeten Dateien aufgelistet.

3 Klicken Sie auf *Diesen PC durchsuchen* oder *Webspeicherorte durchsuchen*, wenn die gewünschte Datei nicht in der Auflistung erscheint.

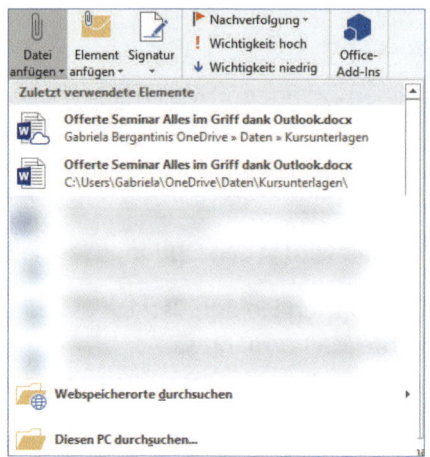

Datei anfügen.

4 Wenn Sie die gewünschte Datei gefunden haben, klicken Sie diese an, gehen auf *Einfügen*, und schon befindet sich die Datei als Anhang in Ihrer Mail.

Empfangene Anhänge schnell abspeichern

Es gibt einen tollen Trick, um mehrere in einer Mail empfangene Anlagen schnell im Dateisystem abzuspeichern.

1 Öffnen Sie die Mail.

2 Klicken Sie mit der rechten Maustaste auf eine Anlage, und wählen Sie das Menü *Alle Anlagen speichern*.

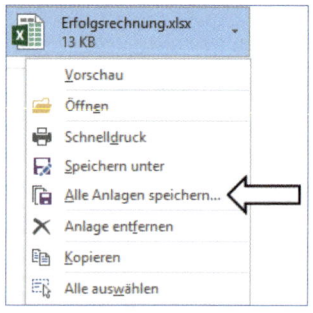

Mehrere Dateien im Dateisystem speichern.

3 Outlook nimmt an, Sie möchten alle Dateien verwenden. Falls nötig, klicken Sie auf die Datei, die Sie nicht abspeichern möchten.

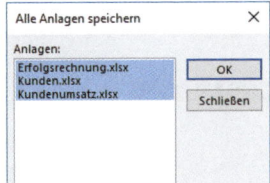 *Anlagen der Mail.*

4 Anschließend definieren Sie den Speicherort.

E-Mails mit Links zu Dateien

Versenden Sie Dateien als Verknüpfungen, wenn Sie große Anlagen intern versenden müssen. Dadurch wird das Firmennetz weniger belastet. Zusätzlich existiert vom Dokument nur eine Version. Der oder die Empfänger der Mail müssen natürlich Zugriff auf den Ordner haben, in dem die Datei liegt. Wie zuvor beschrieben, können Sie Verknüpfungen nur im HTML- oder RTF-Format verschicken. Da Sie es meistens mit einer HTML-Mail zu tun haben, beschreibe ich nur diese Variante.

Links im HTML-Format versenden

1 Schreiben Sie Ihre Mail wie gewohnt.

2 Um den Link einzufügen, wählen Sie das Menü *Einfügen* und klicken dann auf das Symbol *Link*.

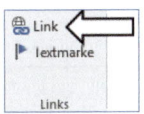 *Link bzw. Verknüpfung zu Datei erstellen.*

3 Wählen Sie die Datei aus, die Sie verknüpfen möchten.

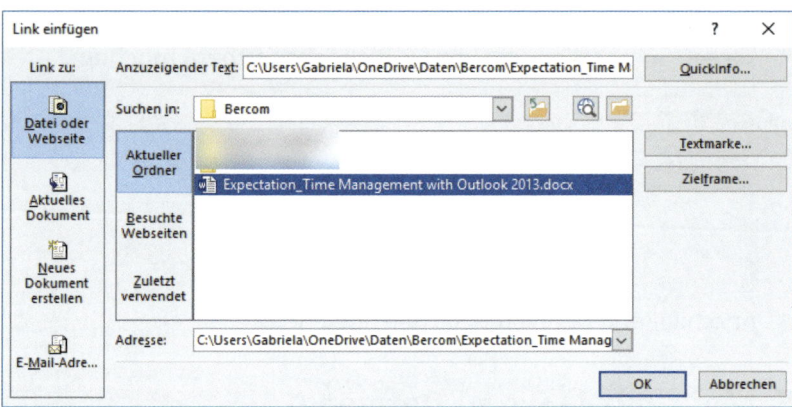

Datei auswählen.

Achtung

Auf den Speicherort müssen die Empfänger Zugriff haben.

So sieht das dann in einer E-Mail aus:

Liebe Kollegen,

anbei sende ich euch den Link zu den Erwartungen.

C:\Users\Gabriela\OneDrive\Daten\Bercom\Expectation_Time Management with Outlook 2013.docx

Bitte ausgefüllt bis Ende des Monats zurücksenden.

Gruß

Darstellung des Links in der E-Mail.

Tastenkombination

Mit gedrückter Strg-Taste können Sie den Link testen.

Abstimmungsschaltflächen

Mit Abstimmungsschaltflächen können Sie eine kleine Umfrage erstellen. Als Übung nehmen wir an, Sie müssen einen Workshop organisieren und das Menü vorbestellen. Von den Teilnehmern möchten Sie wissen, ob sie Fleisch, Fisch oder das vegetarische Menü bevorzugen.

1 Öffnen Sie eine neue Mail und geben Sie Ihren Text ein.

2 Das Einrichten der Schaltflächen erfolgt in der Leiste *Optionen*.

3 Klicken Sie auf *Abstimmungsschaltflächen verwenden* und dann auf *Benutzerdefiniert*.

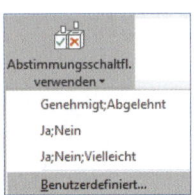

Abstimmungsschaltflächen.

4 Erfassen Sie die Optionen *Fleisch;Fisch;Vegetarisch*, wobei die einzelnen Begriffe jeweils per Semikolon abgegrenzt werden.

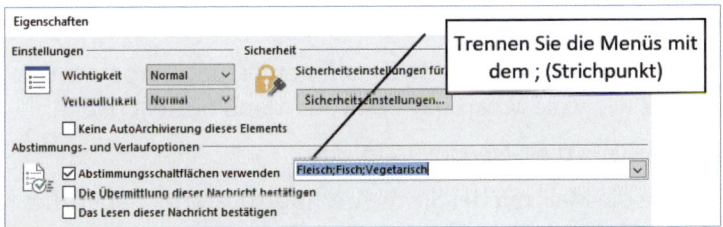

Abstimmungsschaltflächen einrichten.

> **Darstellung erst beim Empfänger**
>
> Leider sehen Sie die Schaltflächen vor dem Versenden nicht. Erst bei den Empfängern werden diese dargestellt.

5 Schreiben Sie den E-Mail-Text.

6 Der Empfänger kann die möglichen Antworten mit der *Abstimmen*-Schaltfläche aufrufen.

7 Wählen Sie die Option *Antwort sofort senden*.

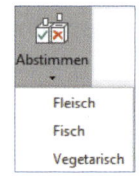

An Abstimmung
teilnehmen.

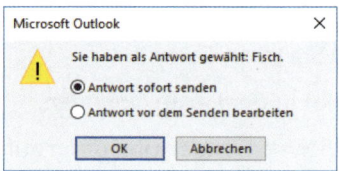

Meldung bei Abstimmung.

Hinweis

Die Antworten auf eine Abstimmung werden im Normalfall nicht gelesen. Eine spezielle Bemerkung verfassen Sie besser in einer separaten Mail.

Antworten auswerten

Outlook hat für Sie eine praktische Zusammenfassung aufbereitet. Sofort ist ersichtlich, wie viele Mitarbeiter welches Menü bestellt haben.

1 Wechseln Sie in die *Gesendeten Objekte*.

2 Öffnen Sie die Mail, mit der Sie die Umfrage gestartet haben. Die Mail erkennen Sie an dem speziellen Symbol, das wie eine kleine Checkliste aussieht.

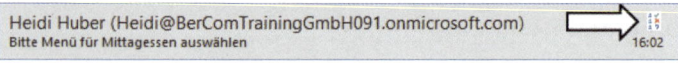

Symbol bei Abstimmungen.

Die Antworten werden im Bereich *Status* angezeigt. Sie erhalten zusätzlich eine Zusammenfassung aller Antworten.

3 Klicken Sie auf *Status* im Register *Nachricht*.

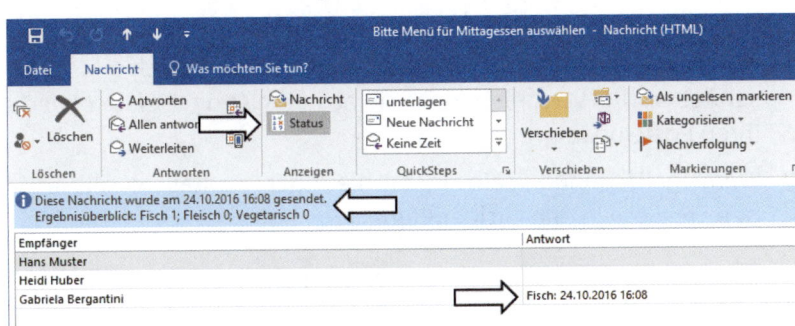

Auswertung der Antworten.

Clutter

Ganz neu in Outlook 2016 gibt es die Funktion *Clutter* (auf Deutsch etwa »Gerümpel« oder »Durcheinander«). Diese Funktion kann nur über die Outlook-Web-App aktiviert oder deaktiviert werden.

Die Funktion *Clutter* verschiebt Nachrichten mit niedriger Priorität aus Ihrem Posteingang, sodass Sie sich auf die wichtigen Nachrichten konzentrieren können. *Clutter* analysiert Ihre E-Mail-Gewohnheiten und bestimmt aufgrund Ihres Verhaltens in der Vergangenheit die Nachrichten, die Sie in der Regel ignorieren.

Anschließend werden diese Nachrichten in den Ordner *Clutter* verschoben, wo Sie sie zu einem späteren Zeitpunkt überprüfen können.

Möglicherweise dauert es eine Weile, bis sich *Clutter* Ihren Vorlieben vollständig angepasst hat. Es zeichnet die von Ihnen jeweils getroffene Auswahl auf und verwendet diese Informationen, um ähnliche Nachrichten in Zukunft zu identifizieren.

Sie können *Clutter* aber dabei helfen, Ihre bevorzugte Auswahl schneller zu erlernen, indem Sie die folgenden Schritte ausführen:

1 Wenn eine Nachricht angezeigt wird, die versehentlich an *Clutter* gesendet wurde, verschieben Sie sie aus dem Ordner *Clutter* wieder in Ihren Posteingang.

2 Wenn Ihr Posteingang eine E-Mail niedriger Priorität enthält, verschieben Sie diese in den Ordner *Clutter*.

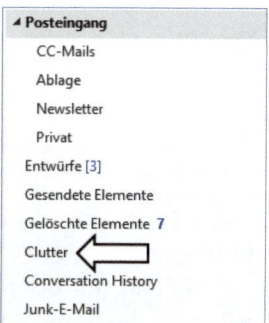

Der Clutter-Ordner.

»Gerümpel« und Junk-E-Mails werden auf diese Weise bereits herausgefiltert, bevor sie in Ihrem Posteingang eintreffen.

Nachrichten, die als mögliche Junk-E-Mails erkannt wurden, werden automatisch in den Ordner *Junk-E-Mail* verschoben, und alle potenziell gefährlichen Inhalte – wie Links oder angefügte Programme – werden deaktiviert.

Der Ordner *Clutter* befindet sich in der Navigationsleiste meistens unterhalb des Ordners *Gelöschte Elemente*.

Anschließend verarbeitet Outlook die Regeln, wenn Sie welche eingerichtet haben.

Wenn Sie die Funktion *Aufräumen* verwendet haben, werden Nachrichten auf der Grundlage Ihrer gewählten Einstellungen verwaltet.

Im nächsten Schritt analysiert *Clutter* die verbliebenen Nachrichten und filtert, ausgehend von Ihrem Verhalten in der Vergangenheit, die Nachrichtentypen heraus, die Sie normalerweise ignorieren oder nicht beantworten. Diese Nachrichten werden nie als »Gerümpel« identifiziert:

- Nachrichten von Ihnen.
- Nachrichten von Personen in Ihrer Managementkette, wenn Sie ein Office-365-Business-Benutzer sind.
- Nachrichten Ihrer direkten Mitarbeiter, wenn Sie ein Office-365-Business-Benutzer sind.

Die Funktion *Clutter* überprüft unterschiedliche Aspekte Ihrer Nachrichten, um zu verstehen, was Sie normalerweise nicht lesen. Hier einige Beispiele:

- den Absender
- ob Sie an der Unterhaltung teilgenommen haben
- ob Sie der einzige Empfänger sind
- die Wichtigkeit

Wenn sich Ihre Lesegewohnheiten ändern, erweist sich Clutter als lernfähig und passt sich entsprechend an.

Um die neue Funktion zu testen, empfehle ich Ihnen, in Ihrer Agenda einen Termin zu setzen, der Sie erinnert, den Ordner *Clutter* periodisch durchzusehen, damit Sie sicher keine wichtige Nachricht verpassen. Natürlich können Sie die Funktion ausschalten, wenn Sie nach einer gewissen Zeit feststellen, dass sie nicht für Sie geeignet ist.

Clutter ausschalten

1 Melden Sie sich bei Office 365 an.

2 Wechseln Sie dann zu *Einstellungen/Optionen/E-Mail/Automatische Verarbeitung/Clutter.*

3 Deaktivieren Sie den Merker *Als Clutter identifizierte Elemente aussortieren* und klicken Sie auf *Speichern*.

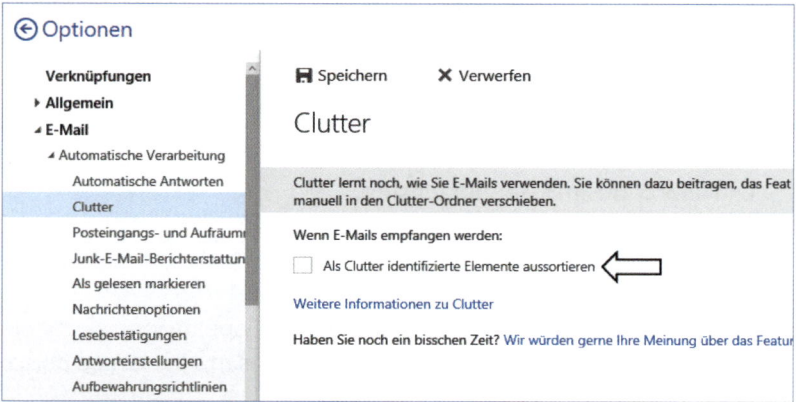

Die Funktion Clutter ausschalten.

> **Hinweis**
>
> Der Ordner *Clutter* verbleibt in Outlook, auch nachdem Sie die Funktion deaktiviert haben.

SmartTags

In den Office-Programmen können Sie sogenannte SmartTags bzw. Aktionen, wie sie neuerdings heißen, einsetzen, um bestimmte Textmuster erkennen zu lassen. Outlook erkennt zum Beispiel automatisch Datumsangaben, Maßeinheiten, Telefonnummern oder Uhrzeiten.

Für diese Elemente stellt Outlook dann kontextabhängige Zusatzfunktionen zur Verfügung – bei Datumsangaben etwa die automatische Verzweigung in Ihren Outlook-Kalender. Diese Funktion müssen Sie aktivieren, wenn Sie sie nutzen möchten.

1 Verzweigen Sie in die Outlook-Optionen und dann in den Bereich *E-Mail/Rechtschreibung und AutoKorrektur.*

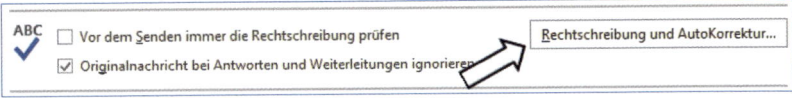

Rechtschreib- und AutoKorrektur-Optionen.

2 Gehen Sie dann in die *AutoKorrektur-Optionen.*

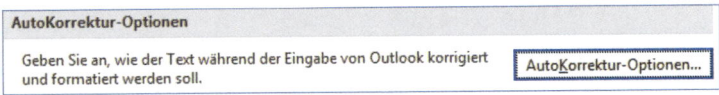

AutoKorrektur-Optionen.

3 Im Register *Aktionen* setzen Sie ein Häkchen vor die Option *Zusätzliche Aktionen im Kontextmenü aktivieren.*

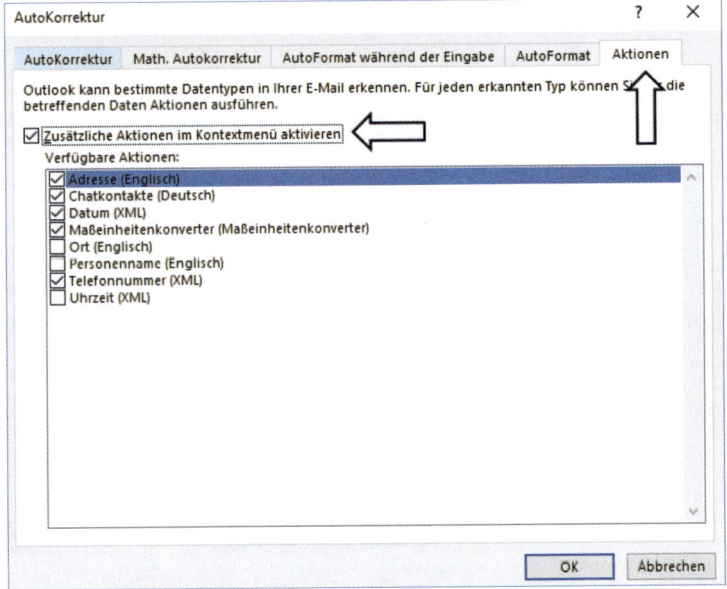

SmartTags aktivieren.

Die SmartTags aktivieren Sie mit der rechten Maustaste.

In einer E-Mail klicken Sie mit der rechten Maustaste zum Beispiel auf ein Datum. Mit dem Menü *Zusätzliche Aktionen* können Sie nun zum Beispiel zu einem Termin springen.

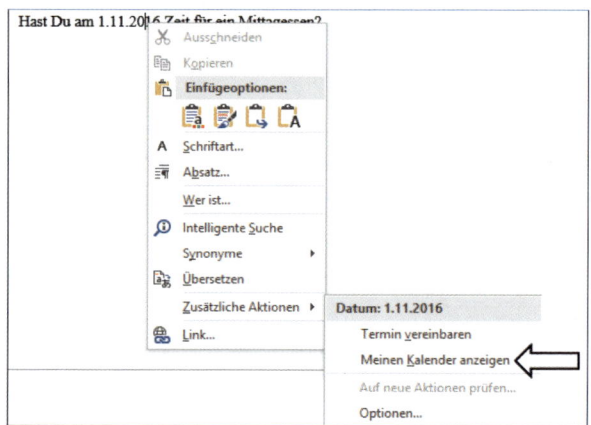

SmartTag, um zu einem Termin zu springen.

Oder Sie können ganz einfach Inch in Zentimeter umrechnen.

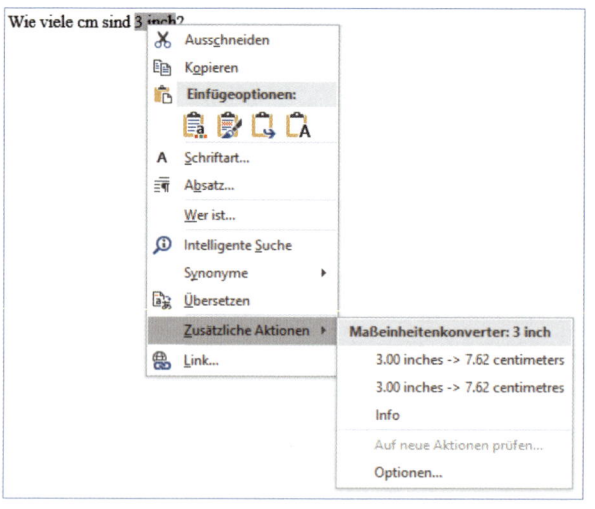

In andere Maße umrechnen.

Outlook-Signatur

An das Ende jeder Mail gehört eine Signatur. Es macht einen professionellen Eindruck, wenn die Unterschriften eines Unternehmens einheitlich gestaltet sind. Vermeiden Sie auch hier unnötige Formatierungen.

Grafiken, zum Beispiel Firmenlogos oder eingescannte Unterschriften, gehören hier nicht hin. Grafiken verursachen sehr oft technische Probleme, und anstelle des Firmenlogos sieht man nur ein rotes Kreuz. Zusätzlich vergrößert sich die Mail. Darum vermeiden Sie es, Grafiken in Signaturen einzubinden.

1 Die Signatur richten Sie in den *Optionen* ein. Verzweigen Sie darum in das Menü *Datei/Optionen/E-Mail-Optionen*.

2 Klicken Sie dort auf die Schaltfläche *Signaturen*.

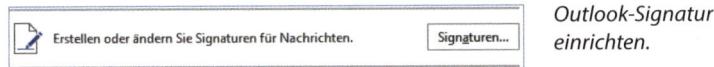

Outlook-Signatur einrichten.

3 Klicken Sie auf *Neu* und geben Sie dem Eintrag einen *Namen*.

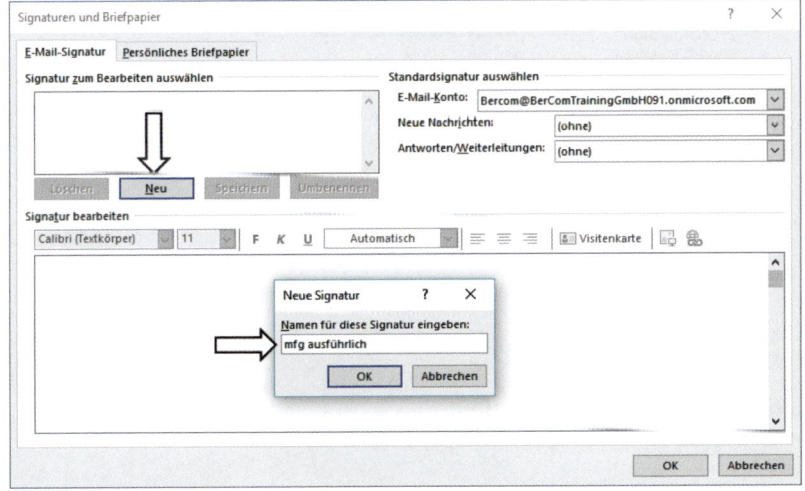

Neue Signatur erstellen.

Mehrere Signaturen

Sie können mehrere Signaturen erfassen. Vielleicht möchten Sie beim ersten Kontakt viele Informationen übermitteln. Danach sollen nur noch der Gruß und die Telefonnummer erscheinen. Ich zeige immer meine Telefonnummer an. Schon oft habe ich mich geärgert, wenn ich die Nummer eines Kunden suchen musste. Verwenden Sie bei den Telefonnummern jeweils die internationale Schreibweise mit der Länderkennung (+49 111 22 33).

4 Im unteren Teil des Fensters definieren Sie den Text.

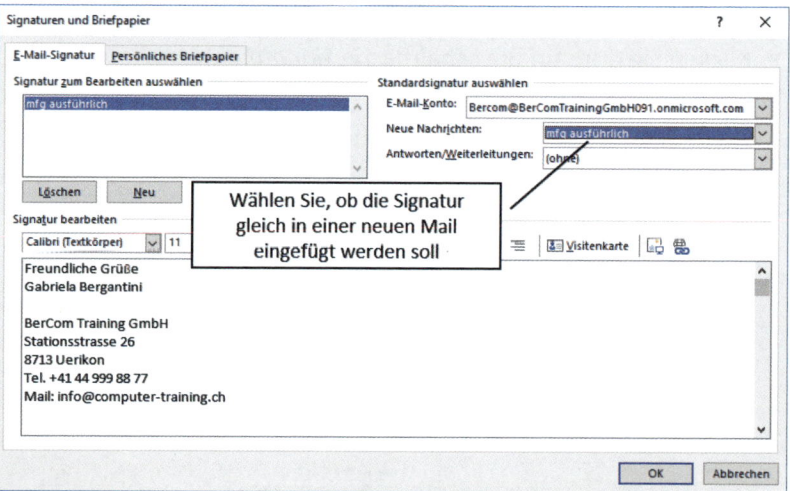

Fertige Signatur.

Grafiken vermeiden

Platzieren Sie keine Grafiken und richten Sie den Text nicht mit der ⇥-Taste aus.

Sie können mehrere Signaturen erstellen, zum Beispiel noch eine kürzere Unterschrift, die nur aus Namen und Telefonnummer besteht, oder Signaturen für den internen oder externen Einsatz. Schreiben Sie in Fremdsprachen? Dann empfehle ich Ihnen, pro Sprache eine Signatur zu erstellen.

1 Erstellen Sie nochmals eine Signatur mit *Neu* mit dem Namen *Gruß kurz*.

2 Erfassen Sie den Gruß mit Namen und Telefonnummer.

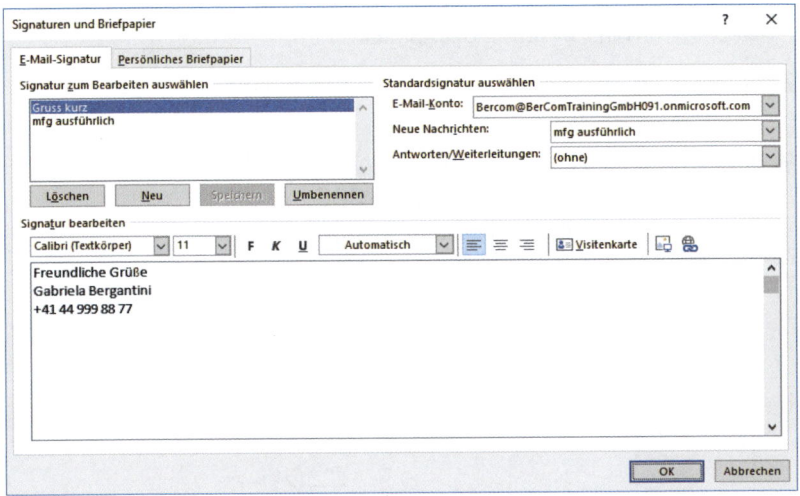

Zweite verkürzte Signatur.

3 Die Signatur wird automatisch eingefügt, falls Sie den Eintrag *Neue Nachrichten* entsprechend eingerichtet haben.

4 Ansonsten klicken Sie in einer neuen Mail auf das Symbol *Signatur*, um die gewünschte Unterschrift in der Nachricht einzufügen.

Signatur auswählen.

Telefonnummer

Ich finde es sehr praktisch, immer die Telefonnummer einzufügen. Dann muss man sie nicht suchen, wenn man sie braucht.

Mails in einen Termin einfügen

Hier ein weiterer praktischer Tipp: Der Inhalt von Mails lässt sich in Termine einfügen. So haben Sie direkten Zugriff auf wichtige Informationen. Ich bekomme sehr oft kurzfristig noch letzte Anweisungen für meine Kurse. Die füge ich direkt im Termin ein.

1 Öffnen Sie im Outlook-Kalender den betreffenden Termin mit einem Doppelklick.

2 Starten Sie die Leiste *Einfügen* und wählen Sie *Outlook-Element*.

Ein Outlook-Element in einen Termin einfügen.

3 Verzweigen Sie zur Mail, und aktivieren Sie die Option *Nur Text*. Ich wähle diese Option, weil Smartphones nicht immer alle Anlagen anzeigen können.

4 Suchen Sie die gewünschte Mail.

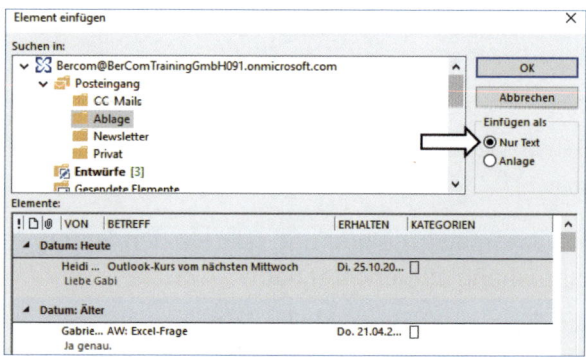

E-Mail in einen Termin einfügen.

QuickSteps

Viel Zeit können Sie mit den QuickSteps einsparen. Diese Programmfunktion können Sie sich wie Regeln vorstellen. QuickSteps werden aber manuell ausgelöst.

Folgender QuickStep ist bei mir im Einsatz: Etwa zwei Wochen vor einem Kurs muss ich die Anzahl der Teilnehmer wissen, damit ich die Unterlagen bestellen kann. Diese Mail sieht immer mehr oder weniger gleich aus. Mit einem QuickStep geht das ganz einfach.

1 Wir befinden uns im Posteingang in der *Start*-Leiste. In der Gruppe *QuickStep* lassen Sie sich mit dem Pfeilsymbol die ganze Auswahl anzeigen.

2 Klicken Sie auf *Neu erstellen*.

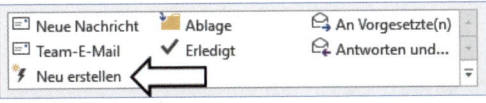

Einen neuen QuickStep erstellen.

3 Geben Sie dem QuickStep einen Namen. In meinem Beispiel heißt er *Unterlagen*.

4 Bei den *Antworten* wählen Sie *Neue Nachricht*.

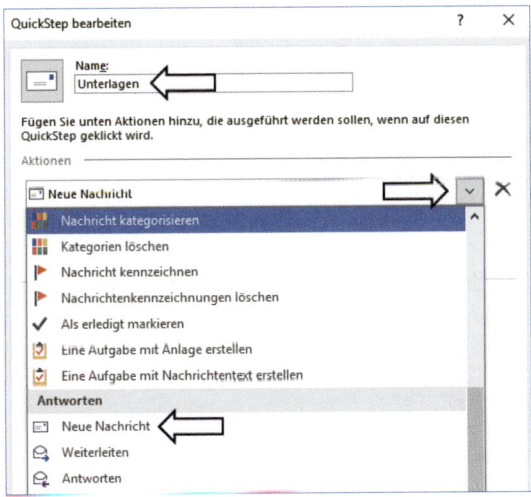

QuickStep »Neue Nachricht«.

5 Um die Mail verfassen zu können, müssen Sie sich die *Optionen anzeigen* lassen.

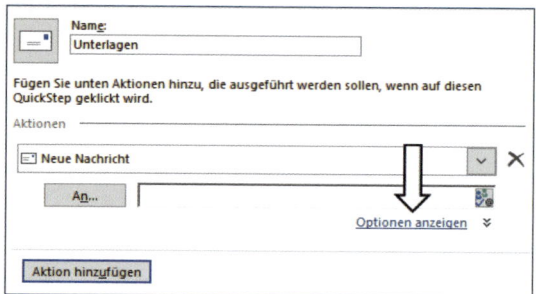

Optionen anzeigen, um Betreff und Nachrichtentext zu erfassen.

6 Definieren Sie den Betreff und den E-Mail-Text.

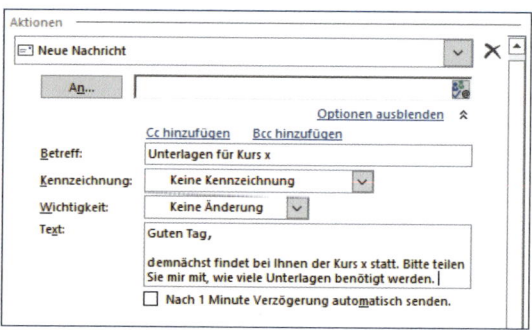

QuickStep definieren.

7 In der *Start*-Leiste steht der QuickStep nun zur Verfügung. Klicken Sie darauf, um ihn zu verwenden.

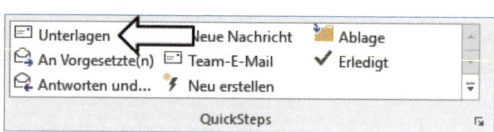

Die QuickSteps nutzen.

8 Ich ersetze den Buchstaben x durch den eigentlichen Kursnamen, adressiere die Mail, und schon kann ich die Nachricht versenden.

Senden	Von ▾	Bercom@BerComTrainingGmbH091.onmicrosoft.com
	An...	Heidi Huber (Heidi@BerComTrainingGmbH091.onmicrosoft.com)
	Cc...	
	Betreff	Unterlagen für Kurs x

Guten Tag,

demnächst findet bei Ihnen der Kurs x statt. Bitte teilen Sie mir mit, wie viele Unterlagen benötigt werden.

Freundliche Grüße
Gabriela Bergantini

BerCom Training GmbH
Stationsstrasse 26
8713 Uerikon
Tel. +41 44 999 88 77
Mail: info@computer-training.ch

Mail versenden.

Es gibt unzählige weitere Möglichkeiten, etwas mit QuickSteps zu automatisieren. Zum Beispiel habe ich einen mit einer bestimmten Antwort. Nach einem Kurs habe ich jeweils keinen Kopf mehr, um komplexe Nachrichten zu verfassen.

Da man aber gemäß E-Mail-Knigge innerhalb von 24 Stunden auf eine Nachricht reagieren sollte, um nicht als unhöflich angesehen zu werden, versende ich jeweils den QuickStep *Keine Zeit*.

1 Erstellen Sie einen neuen QuickStep mit dem Namen *Keine Zeit*.

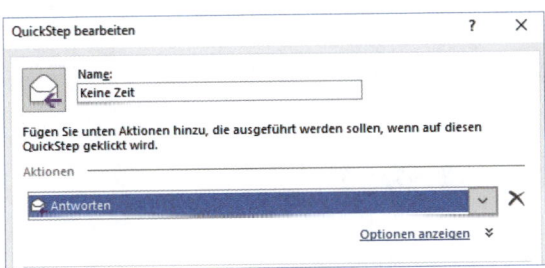

QuickStep mit einer bestimmten Antwort.

2 Als Aktion verwenden Sie *Antworten*. Lassen Sie sich die *Optionen* anzeigen, und verfassen Sie eine Antwort.

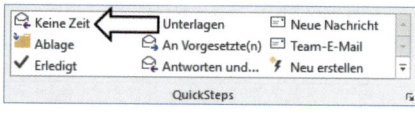

QuickStep Keine Zeit anwenden.

3 Um den QuickStep zu verwenden, wählen Sie die Mail, die Sie mit *Keine Zeit* beantworten möchten.

4 Klicken Sie auf den QuickStep *Keine Zeit*.

Mail mit Antwort Keine Zeit.

Einen weiteren QuickStep verwende ich, um Mails schnell in einen Ordner zu verschieben.

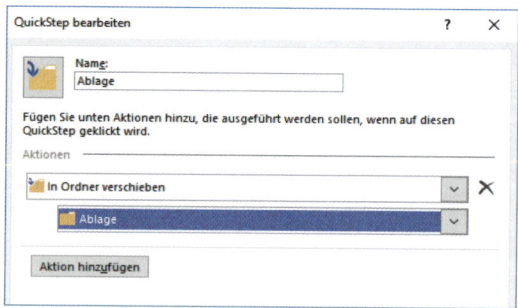

QuickStep, um Nachrichten zu verschieben.

20. Öffentliche Nachricht

Manchmal möchte man eine Notiz direkt bei den E-Mails ablegen. Mit den öffentlichen Nachrichten geht das.

1 In der *Start*-Leiste klicken Sie auf *Neue Elemente/Weitere Elemente/Öffentliche Nachricht in diesem Ordner bereitstellen.*

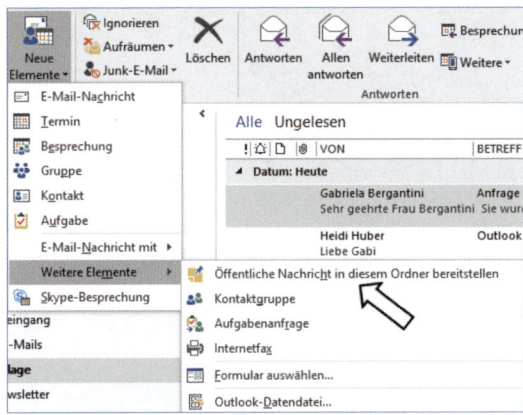

Öffentliche Nachricht bereitstellen.

2 Erfassen Sie den Text.

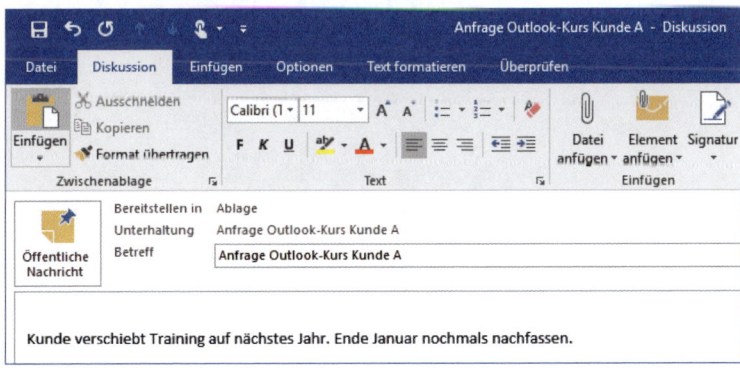

Text für öffentliche Nachricht.

3 Schließen Sie die Meldung, damit die Frage nach der Speicherung erscheint.

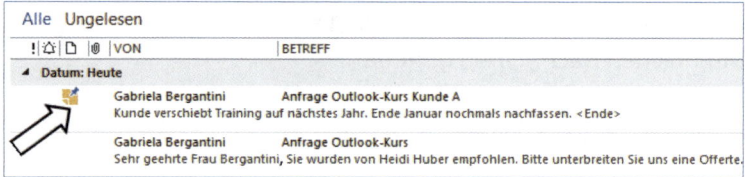

Darstellung der öffentlichen Nachricht.

21. Kalender

Nehmen wir nun den Kalender unter die Lupe. Auch im Kalender können Sie auswählen, wie die Termine dargestellt werden sollen:

1 Aktivieren Sie die *Start*-Leiste und testen Sie die verschiedenen Ansichten.

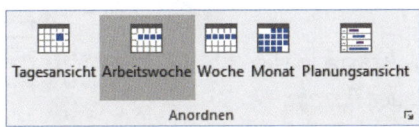

Kalenderansichten.

Neuerdings sehen Sie sogar, wie sich das Wetter in den nächsten Tagen entwickelt. Der Live-Dienst der Wetteranzeige funktioniert allerdings nur, wenn Sie in Outlook mit Ihrem Microsoft-Konto angemeldet sind. Dann brauchen Sie nur den für Sie interessanten Standort auszuwählen.

2 Öffnen Sie das Drop-down-Feld *Ort*, und wählen Sie *Ort hinzufügen*.

Ort für Wetter ändern.

Hinweis

Sie können bis zu fünf Orte ergänzen.

3 Tippen Sie den Ortsnamen ein. Falls Outlook den Ort nicht findet, schlägt es etwas aus der Gegend vor.

4 Suchen Sie sich noch einen zweiten Ort. Sie möchten vielleicht wissen, wie das Wetter an Ihrem Lieblingsferienort sein wird.

Neuen Termin erstellen

Ich empfehle Ihnen, alle Ihre Termine, privat und geschäftlich, in Outlook einzutragen. Gerade in einem Firmennetz, wo Sie mit anderen Personen zusammenarbeiten, erleichtert das die Planung enorm. Als Beispiel geben wir eine Sitzung mit dem Chef ein.

1 Markieren Sie die Zeit, die das Meeting beanspruchen wird.

2 Klicken Sie mit der rechten Maustaste in die Markierung und wählen Sie *Neuer Termin*.

3 Im folgenden Dialogfenster können Sie die Details eintragen. Sie können sich so wunderbar auf das Gespräch vorbereiten, damit Sie nichts vergessen.

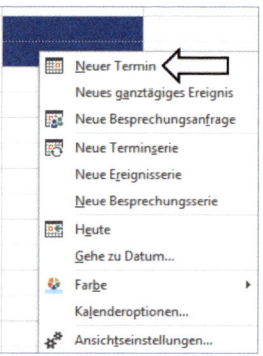

Neuen Kalendertermin erstellen.

4 Im Register *Text formatieren* können Sie den Text übersichtlich darstellen. Ich persönlich arbeite sehr gern mit den Aufzählungen. Wie in anderen Programmen können Sie mit ⇥ tieferstufen und mit ⇧+⇥ höherstufen.

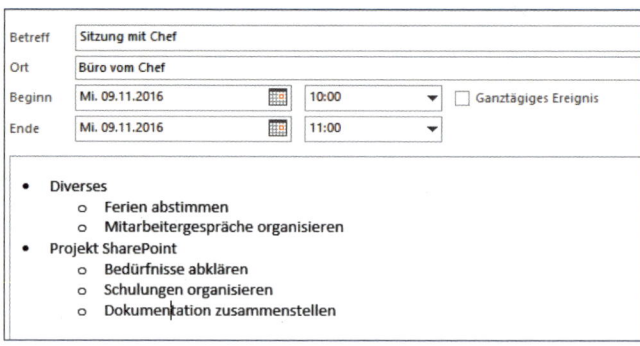

Termindetails.

Wichtig ist, dass Sie definieren, ob Sie intern oder extern sind. Mit *Beschäftigt* teilen Sie mit, dass Sie sich in der Firma befinden. Externe Termine markieren Sie mit *Abwesend* (zum Beispiel Ferien) oder *An anderem Ort tätig* (zum Beispiel wenn Sie zu Hause arbeiten).

Wenn Sie einen Termin als frei kennzeichnen, heißt das, dass Sie Zeit für sich reserviert haben, um an einem Ihrer Projekte zu arbeiten. Sie möchten aber trotzdem zu Besprechungen eingeladen werden, damit Sie bei einem für Sie spannenden Thema zusagen können. Definieren Sie die Verfügbarkeit, die Sie im Register *Termin* finden.

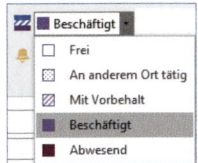

Verfügbarkeit festlegen.

Termin verschieben und löschen

Falls es eine Änderung gibt, packen Sie den Termin einfach und ziehen ihn an die nächstmögliche Position. Es ist auch möglich, den Termin in den Datumsnavigator zu schieben, falls Sie ihn um eine größere Zeitspanne verschieben müssen.

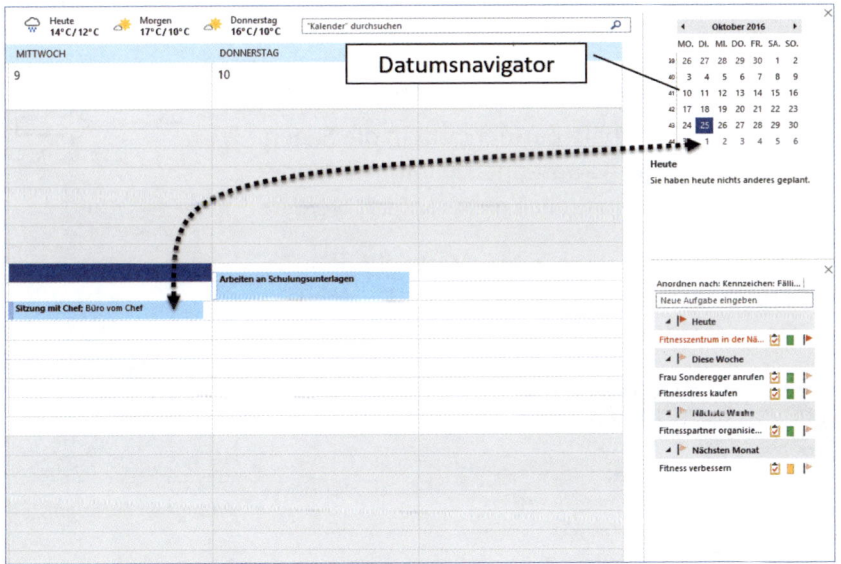

Termin verschieben.

Der Unterschied zwischen Terminen, Ereignissen und Aufgaben

Outlook unterscheidet zwischen Terminen, Ereignissen und Aufgaben. Was ist eigentlich der Unterschied? Ein Termin findet zu einem bestimmten Zeitpunkt statt. Zum Beispiel: Der Termin mit dem Chef findet von 09:00 bis 10:00 Uhr statt.

Ereignisse finden irgendwann an einem Tag statt. Mit einem Ereignis notiere ich mir zum Beispiel die Tage, an denen mein Mann nicht zum Abendessen nach Hause kommt, oder Ferien wichtiger Kunden. Es wird unterschieden zwischen täglichen und jährlichen Ereignissen. Geburtstage oder Feiertage sind jährliche Ereignisse.

Bei Aufgaben weiß man, dass man etwas zu erledigen hat, aber man weiß noch nicht, wann man sich um die Angelegenheit kümmern kann. Ich muss diese Woche noch einen Kunden anrufen. Es spielt aber keine Rolle, an welchem Tag ich das erledige.

Hier ein Beispiel für ein tägliches Ereignis:

Ein wichtiger Geschäftspartner geht in die Ferien. Sie möchten diese Abwesenheit in Ihrem Kalender notieren. Ihre Termine sollen nicht tangiert werden.

Klicken Sie mit der rechten Maustaste auf den Tag, an dem dieses Ereignis stattfindet, und wählen Sie *Neues ganztägiges Ereignis*.

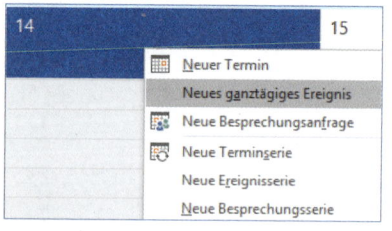

Ganztägiges Ereignis.

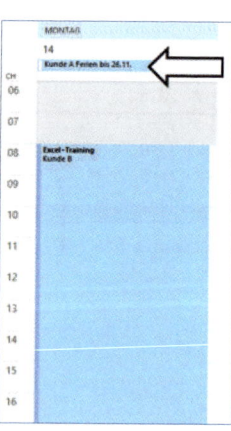

Anzeige eines Ereignisses.

Jährliche Ereignisse

Jährliche Ereignisse sind zum Beispiel Geburtstage oder Feiertage. Haben Sie gewusst, dass Sie die Feiertage automatisch eintragen lassen können?

Feiertage hinzufügen

Überprüfen Sie zuerst, ob sich die Feiertage nicht bereits in Ihrem Kalender befinden.

Drücken Sie die Tastenkombination Strg+G (*Gehe zu*) und geben Sie den nächsten Weihnachtstermin ein. Falls Sie Weihnachten noch nicht sehen, können Sie die Feiertage importieren:

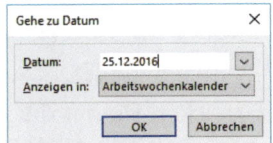

1 Starten Sie die *Kalenderoptionen* über das Menü *Datei/Optionen/Kalender*.

Gehe zu Datum.

2 Im Bereich *Kalender* finden Sie den Punkt *Feiertage hinzufügen*.

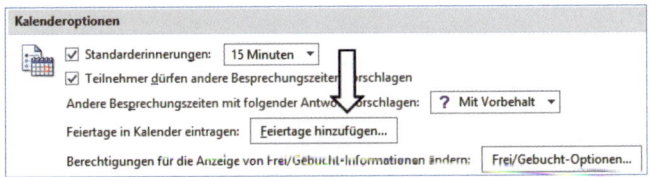

Feiertage hinzufügen.

3 Wählen Sie das gewünschte Land aus.

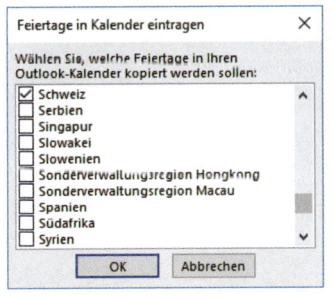

Land für Feiertage hinzufügen.

> ### Länder importieren
>
> Bei Bedarf können Sie weitere Länder importieren. Vielleicht haben Sie Geschäftspartner in Übersee und es ist für Sie interessant zu wissen, wann diese nicht arbeiten.

Zeitzonen

Apropos Übersee. Haben Sie gewusst, dass Sie eine zweite Zeitzone einblenden können?

1 Klicken Sie mit der rechten Maustaste in die Zeitskala und wählen Sie *Zeitzone ändern*.

2 Aktivieren Sie die Box *Zweite Zeitzone anzeigen* und geben Sie als Beschriftung zum Beispiel *USA* ein.

3 Suchen Sie die gewünschte Zeitzone.

4 Damit Sie die Zonen besser auseinanderhalten können, beschriften Sie auch die erste Zone mit ihrer Länderkennzeichnung, zum Beispiel *D* oder *CH*.

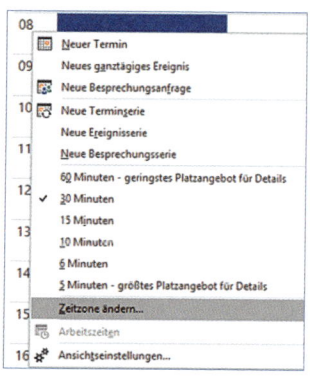

Weitere Zeitzone hinzufügen.

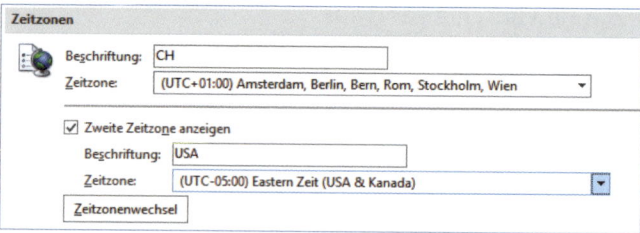

Zeitzonen einrichten.

So sieht die Darstellung aus:

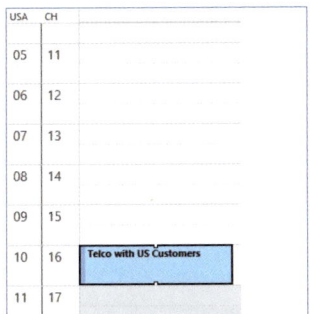

Darstellung der Zeitzonen.

Geburtstage erfassen

Am häufigsten werden die jährlichen Ereignisse für Geburtstage verwendet.

1 Klicken Sie mit der rechten Maustaste auf den Tag des Geburtstags, und wählen Sie den Eintrag *Neue Ereignisserie*.

2 Ein Geburtstag ist ein jährliches Ereignis ohne Endtermin.

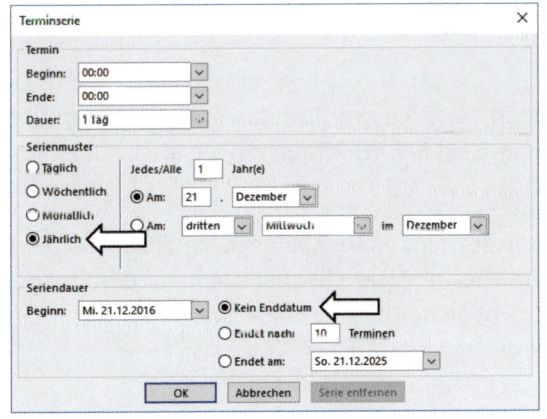

Geburtstag erfassen.

Jährliches Ereignis.

Termine effizient festlegen, ändern und löschen

Nehmen wir an, Sie müssen mit jemandem einen Termin ausmachen und telefonieren gerade mit dieser Person. Zur besseren Übersicht möchten Sie die möglichen Termine nebeneinander sehen.

1 Wechseln Sie in die **Tagesansicht** und klicken Sie im Datumsnavigator auf den ersten möglichen Termin.

2 Halten Sie die Ⓢ𝗍𝗋𝗀-Taste gedrückt, und klicken Sie im Datumsnavigator auf den zweiten, dritten und vierten Termin. Die Termine werden nebeneinander angezeigt.

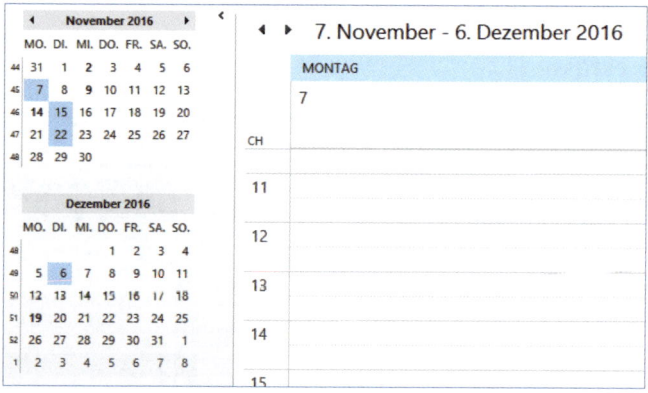

Termine nebeneinander.

Als Beispiel nehmen Sie an, dass Sie drei Termine für ein Statusmeeting zur Auswahl geben müssen. Schließlich brauchen Sie aber nur einen. So gehen Sie am besten vor:

1 Erfassen Sie den ersten Termin und deklarieren Sie diesen als *mit Vorbehalt*. Ich kennzeichne Termine jeweils zusätzlich mit dem Fragezeichen, falls ich noch nicht sicher bin, ob diese stattfinden. Geben Sie also *Statusmeeting?* ein.

2 Ziehen Sie den Termin anschließend mit der ⎡Strg⎤-Taste auf die anderen Daten. Die ⎡Strg⎤-Taste bewirkt, dass der Termin kopiert wird.

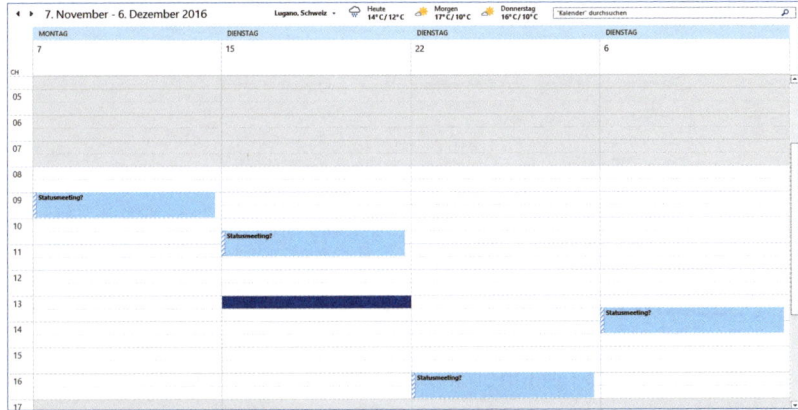

Termine kopieren.

3 Um wieder aus diesem Modus herauszukommen, klicken Sie auf den Tag, mit dem Sie weiterarbeiten möchten. Alternativ können Sie auch auf *Heute* klicken.

Termine suchen

Kennen Sie Doodle (www.doodle.de)? Mit dieser Webseite können Sie sehr praktisch herausfinden, an welchem Termin am meisten Leute Zeit haben.

Nehmen wir an, einige Zeit ist vergangen, es wurde gedoodelt. Sie wissen nun, dass das zweite Statusmeeting stattfindet. Die anderen Termine können Sie löschen. Mit einem einfachen Trick können Sie Ihre Agenda bereinigen.

1 Oben im Kalender finden Sie ein Suchfeld. Geben Sie dort *Statusmeeting?* ein. Sie werden feststellen, dass im Nu die Termine angezeigt werden.

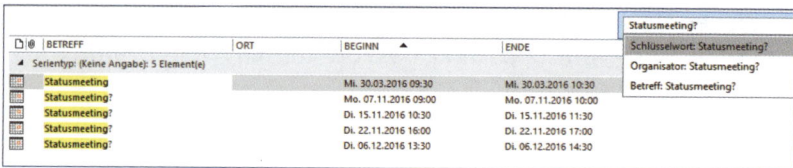

Termin suchen.

Nur der zweite Termin findet statt. Löschen Sie die anderen.

2 Wählen Sie den zu löschenden Termin, und klicken Sie auf das Symbol *Löschen* in der *Start*-Leiste.

Löschen Verschieben
Aktionen

3 Doppelklicken Sie auf den Termin, der stattfinden wird. Ändern Sie den Status von *mit Vorbehalt* auf *Beschäftigt*, falls der Termin bei Ihnen in der Firma stattfindet, oder auf *Abwesend*, falls das Meeting extern stattfindet.

Termine löschen.

4 Entfernen Sie das Fragezeichen im Betreff.

5 Löschen Sie zum Schluss das Suchkriterium, indem Sie auf das Kreuzsymbol

Statusmeeting?

rechts vom Suchfeld klicken, damit Sie wieder in die normale Kalenderdarstellung zurückkehren.

22. Richtlinien

Herzliche Gratulation! Sie haben sich durch das Buch hindurchgearbeitet und hoffentlich viele neue Ideen erhalten, wie Sie effizienter Ihren Tag gestalten können. Noch mehr Zeit kann eingespart werden, wenn sich ein ganzes Team an Richtlinien hält.

Die Firmen beginnen langsam, E-Mail-Richtlinien herauszugeben, wie die Angestellten mit den elektronischen Medien umgehen sollen. Ich finde, das ist enorm wichtig – vor allem, um die Erwartungen abzuklären. Welche Antwortzeit wird zum Beispiel auf eine E-Mail erwartet? Oder muss man am Wochenende auf E-Mails antworten? Ich habe schon von Unternehmen gehört, die einen mailfreien Tag pro Woche anordnen. Das erlaubt es den Angestellten, länger ungestört an einer Aufgabe arbeiten zu können. Die ständigen Unterbrechungen sind eines der größten Probleme in der heutigen Zeit.

Von einer anderen Firma habe ich gehört, dass sie alle Mails, die während Ferienabwesenheiten eintreffen, löschen. So trifft der Mitarbeiter nicht eine übervolle Mailbox nach seinem Urlaub an und braucht gleich wieder Ferien.

Versuchen Sie doch, dieses Thema beim nächsten Teammeeting anzusprechen. Ich würde folgende Regeln definieren (es müssen nicht alle auf einmal sein, ein paar reichen für den Anfang schon aus):

- Antwortzeiten auf eine E-Mail: Was wird erwartet? Wie lange darf man auf die Beantwortung einer Nachricht warten?
- Wie sieht es aus mit den Cc-Mails? Dürfen diese zu einem späteren Zeitpunkt gelesen werden?
- Gibt es eine einheitliche E-Mail-Signatur?
- Erreichbarkeit außerhalb der normalen Arbeitszeit: In welchen Situationen muss ich auch nach Feierabend oder am Wochenende online sein?

- Gibt es ein System für die Betreffzeile?
- Wann soll der Abwesenheitsassistent aktiviert werden? Kann man sich auf eine einheitliche Formulierung einigen?
- Welche Stellvertreter-Regeln gelten bei längeren Abwesenheiten?
- Was geschieht mit den Mails, die während Abwesenheiten eintreffen?
- Kalender: Sollen Teammitglieder ihre Termine eintragen? Sollen auch private Termine erfasst werden?
- Aufgaben delegieren: Ist das erlaubt? Falls ja, wie soll man vorgehen?
- Wie können wir E-Mails vermeiden? Können allgemeine Mitteilungen zum Beispiel auf dem SharePoint oder im Intranet platziert werden?

So, unser System ist fertig, und Sie sollten nun eine schöne Übersicht über Ihre Aktivitäten und Ziele haben. Sicher ist Ihr Posteingang um einiges übersichtlicher geworden. Wenn Sie gewissenhaft diese Techniken anwenden, garantiere ich Ihnen, dass Sie Stunden an Arbeitszeit einsparen werden. Ich selbst nutze dieses System seit über zehn Jahren und könnte nicht mehr darauf verzichten. Ich erhalte auch immer sehr positives Feedback meiner Kursteilnehmer, die diesen Kurs bei mir besuchen. Ich kann es Ihnen nur ans Herz legen. Versuchen Sie es einfach. Es kann nichts passieren. Ich habe mal gelesen, dass ein normaler Mensch ca. 21 Tage braucht, um sich an etwas Neues zu gewöhnen. Darum empfehle ich Ihnen, das System mal drei Wochen auszuprobieren. Danach sollten sich die Vorteile bemerkbar machen.

Und zum Schluss noch dies: Denken Sie daran, Sie können alles machen, was Sie sich vorgenommen haben, solange es in Ihren Kalender passt.

23. Praktische Tastenkombinationen

Allgemein

Tastenkombination	Funktion
Strg+G	Gehe zu. Ein bestimmtes Datum kann angesprungen werden.
Strg+K	Name überprüfen (Check name)
Strg+N	Erstellt ein neues Element. Je nach der Auswahl wird eine neue E-Mail bzw. ein neuer Termin erstellt.
F7	Startet die Rechtschreibprüfung.
Strg+⇧+M	Neue E-Mail
Strg+⇧+A	Neuer Termin
Strg+⇧+K	Neue Aufgabe
Strg+⇧+C	Neuer Kontakt
⇧+Entf	Elemente werden direkt gelöscht und werden nicht in die Gelöschten Elemente verschoben.
Strg+O	Ausgewähltes Element in einem neuen Fenster öffnen
Strg+S	Mail, Aufgabe, Kontakt, Termin oder Notiz speichern, wenn das jeweilige Element im aktuellen Fenster geöffnet ist
Esc	Geöffnetes Fenster schließen
Strg+1	Bereich *E-Mail* einblenden
Strg+2	Bereich *Kalender* einblenden
Strg+3	Bereich *Kontakte* einblenden

Tastenkombination	Funktion
⌃Strg+4	Bereich *Aufgaben* einblenden
⌃Strg+5	Bereich *Notizen* einblenden
⌃Strg+6	Ordnerliste in einem Bereich einblenden
⌃Strg+7	Verknüpfungen in einem Bereich einblenden
Alt+↵	Eigenschaften des ausgewählten Elements anzeigen
⌃Strg+⇧+E	Neuen Ordner erstellen
⌃Strg+⇧+P	Neuen Suchordner erstellen
F2	Ausgewählten Ordner umbenennen
⌃Strg+⇧+Y	Dialogfeld *Elemente kopieren* aufrufen
⌃Strg+⇧+V	Dialogfeld *Elemente verschieben* aufrufen
⌃Strg+D	Ausgewähltes Element löschen bzw. in den Ordner *Gelöschte Elemente* verschieben
F7	Rechtschreibprüfung starten
⇧+F7	Alternative Wörter vorschlagen (Option *Thesaurus*)
Alt + Mausklick	Wort anklicken, um es nachzuschlagen (Option *Recherchieren*)

Suchfunktion

Tastenkombination	Funktion
F3	Suchfeld aktivieren
⌃Strg+Alt+Z	Unterordner in die Suche einbeziehen
⌃Strg+Alt+K	Suche nur im aktuell geöffneten Ordner

Tastenkombination	Funktion
[Strg]+[⇧]+[F]	Fenster *Erweiterte Suche* öffnen
[Strg]+[Alt]+[A]	Alle Elemente des aktuell angezeigten Bereichs durchsuchen (E-Mails, Kalender, Kontakte, Aufgaben, Notizen)
[F4]	Innerhalb eines Fensters suchen
[⇧]+[F4]	Weitersuchen
[F5]	Gehe zu
[F11]	Unabhängig vom gerade angezeigten Bereich Kontakt suchen
[Esc]	Suche beenden

E-Mail

Tastenkombination	Funktion
[Strg]+[⇧]+[M]	Neue Mail unabhängig vom aktuell angezeigten Bereich schreiben
[Alt] I [S]	Mail senden
[Strg]+[R]	Mail beantworten
[Strg]+[⇧]+[R]	Allen antworten
[Strg]+[⇧]+[I]	Posteingang anzeigen
[Strg]+[⇧]+[O]	Postausgang anzeigen
[Strg]+[,]	Nach oben zur nächsten Mail springen
[Strg]+[.]	Nach unten zur nächsten Mail springen
[Strg]+[F]	Mail weiterleiten

Tastenkombination	Funktion
Strg + Alt + F	Mail als Dateianhang weiterleiten
Strg + Q	Mail als gelesen markieren
Strg + U	Mail als ungelesen markieren

Kalender

Tastenkombination	Funktion
Strg + ⇧ + A	Neuen Termin unabhängig vom aktuell angezeigten Bereich erstellen
Strg + ⇧ + Q	Neue Besprechung unabhängig vom aktuell angezeigten Bereich erstellen
Strg + .	Springt nach oben zum nächsten Termin
Strg + .	Springt nach unten zum nächsten Termin
Alt + 1	Anzeige eines Tages im Kalender
Alt + 2	Anzeige von zwei Tagen im Kalender
Alt + 3	Anzeige von drei Tagen im Kalender
Alt + 4	Anzeige von vier Tagen im Kalender
Alt + 5	Anzeige von fünf Tagen im Kalender
Alt + 6	Anzeige von sechs Tagen im Kalender
Alt + 7	Anzeige von sieben Tagen im Kalender
Alt + 8	Anzeige von acht Tagen im Kalender
Alt + 9	Anzeige von neun Tagen im Kalender

Tastenkombination	Funktion
Alt + 0	Anzeige von zehn Tagen im Kalender
Alt + ⇧ + 0	Einen Monat im Kalender anzeigen
Alt + ⇧ + 1	Zur Tagesansicht wechseln
Alt + ⇧ + 2	Zur Arbeitswochenansicht wechseln
Alt + ⇧ + 3	Zur Wochenansicht wechseln
Alt + ⇧ + 4	Zur Monatsansicht wechseln
Alt + ⇧ + 5	Zur Planungsansicht wechseln
Strg + ←	Wechseln zum vorherigen Tag
Strg + →	Wechseln zum nächsten Tag
Alt + ↑	Wechseln zur vorherigen Woche
Alt + ↓	Wechseln zur nächsten Woche
Alt + Bild ↑	Wechseln zum vorherigen Monat
Alt + Bild ↓	Wechseln zum nächsten Monat
Pos 1	Zum ersten Feld des Arbeitstags springen
Ende	Zum letzten Feld des Arbeitstags springen
Alt + Pos 1	Zum Anfang der Woche gehen
Alt + Ende	Zum Ende der Woche gehen
Esc	Aus den markierten Feldern einen Termin erstellen
Strg + F	Termin als Dateianhang per Mail senden

Aufgaben

Tastenkombination	Funktion
Strg + ⇧ + K	Neue Aufgabe anlegen (unabhängig vom aktuell angezeigten Bereich)
Strg + Alt + ⇧ + U	Neue Aufgabe anlegen und senden
Strg + .	Nach oben zur nächsten Aufgabe springen
Strg + ,	Nach oben zur nächsten Aufgabe springen
Strg + ⇧ + G	Markiertes Element zur Nachverfolgung kennzeichnen und benutzerdefinierte Aufgabe anlegen
Strg + F	Aufgabe als Dateianhang per Mail versenden

Kontakte

Tastenkombination	Funktion
Strg + ⇧ + C	Neuen Kontakt anlegen (unabhängig vom aktuell angezeigten Bereich)
Strg + ⇧ + L	Kontaktgruppe erstellen
Strg + ⇧ + B	Adressbuch öffnen (unabhängig vom aktuell angezeigten Bereich)
Alt + D	Dialogfenster *Adresse überprüfen* aufrufen (bei geöffnetem Kontaktfenster)
Strg + .	Nach oben zum nächsten Kontakt springen
Strg + ,	Nach unten zum nächsten Kontakt springen
⇧ + A (-Z)	Zu Kontakten mit dem jeweiligen Anfangsbuchstaben springen
Strg + F	Kontakt als Dateianhang per Mail versenden

Notizen

Tastenkombination	Funktion
Strg + ⇧ + N	Neue Notiz erstellen
Strg + F	Notiz als Dateianhang per Mail verschicken

Glossar

Begriff	Erklärung
Strg -Taste	Die Control-Taste. Diese Taste wird so auf schweizerdeutschen Tastaturen bezeichnet. Auf deutschen Tastaturen heißt diese Taste »Steuerung« und wird mit Strg abgekürzt.
Exchange Server	Microsoft-Server, der die Mails verwaltet
Office 365	Das Office in der Wolke (Cloud). Die Software wird im Normalfall gemietet, und es fallen monatliche Gebühren an. Gerade für kleine und mittelständische Unternehmen ist das sehr interessant, da keine komplexen Installationen vor Ort vorgenommen werden müssen. Die Software steht online zur Verfügung und wird von Microsoft-Spezialisten gewartet.
OneNote	Microsoft-Programm, um elektronische Notizen zu erfassen
SharePoint	Plattform im Intra- oder Extranet, die die Zusammenarbeit erleichtert
Trojaner	Eine spezielle Virenart, die versteckt in einer Datei, zum Beispiel getarnt in einer Rechnung, daherkommt
Viren	Schadprogramme, die uns das Leben schwer machen

Literatur

Bücher

Dietze, Katharina: Mit Pep an die Arbeit. So organisiere ich mich und meinen Job. Frankfurt/Main: Campus 2004

Ferriss, Timothy: Die 4-Stunden-Woche. Mehr Zeit, mehr Geld, mehr Leben. Berlin: Ullstein 2015

McGhee, Sally: Take Back Your Life! Using Microsoft Outlook to Get Organized and Stay Organized. Redmond: Microsoft Press 2007

Dr. Sapadin, Linda: It's About Time! New York: Penguin Books USA Inc. 1996

Seiwert, Lothar: Zeitmanagement mit Microsoft Outlook. Die Zeit im Griff mit Microsoft Outlook 2010–2016. Heidelberg: O'Reilly 2016

Worch, Markus: Das kleine E-Mail-Buch. Dos & Don'ts im E-Mail-Alltag. Zürich: Versus Verlag 2009

Zeitungen/Zeitschriften

Handelszeitung, führende Schweizer Wirtschaftszeitung für Unternehmen und Management. Artikel »E-Mail vom falschen Chef« (7. Januar 2016)

Handelsblatt: Nachrichten über Unternehmen, Finanzen, Politik und Technik

PCtipp: Die Schweizer Computerzeitschrift bietet News, Tests und Praxisanleitungen zu Computern, Tablets, Smartphones, Unterhaltungselektronik, Software und Apps.

Websites

http://www.betschart.tv: Business durch Beziehungen. Täglich ein kostenloser Erfolgstipp zur Inspiration

http://www.computer-training.ch: Schulungen für Microsoft-Produkte

http://www2.deloitte.com/de/de/pages/presse/contents/studie-2016-staendig-auf-empfang.html: Deloitte-Studie: Ständig auf Empfang: Neue Nutzungsmuster bei deutschen Smartphone-Usern

http://www.dominican.edu/academics/ahss/psych/faculty/fulltime/gail matthews/researchsummary2.pdf: Studie der Dominican University of California

http://www.doodle.com: Mit diesem Onlinetool finden Sie Termine schneller.

http://www.infoquelle.de: Das Wirtschaftsmagazin informiert Sie über Themen rund um Arbeitsplatz, Versicherungen, Personalentwicklung, Karriere und Gesundheit.

http://www.karrierebibel.de: Erfolgstipps für Ihre Karriere. Diverse Fachartikel zu Karriere, Job und Bildung.

http://office.microsoft.com: Hier finden Sie Informationen rund um Microsoft Office. Trainings, Vorlagen, Grafiken und vieles mehr.

http://www.smarttools.de/newsletter/outlook-weekly.newsletter.php: Informationen zum effizienten Einsatz von Microsoft Outlook.

www.work-smarter.ch: Onlinefachmagazin für die Arbeit im Büro. Hier erhalten Sie regelmäßig Tipps und Anregungen, wie Sie Ihre tägliche Arbeit besser meistern können.

http://www.zeit.de/2006/46/Unterbrechungen: Jürgen von Rutenberg, Der Fluch der Unterbrechung.